2017 Examination for Japanese University Admission for International Students (2nd Session)

平成29年度 日本留学試験（第2回）試験問題

聴解 聴読解問題 **CD**付

独立行政法人
日本学生支援機構
Japan Student Services Organization

は じ め に

　独立行政法人日本学生支援機構は、外国人留学生として、我が国の大学（学部）等に入学を希望する者について、日本語力及び基礎学力の評価を行うことを目的として、年に2回、国内外において日本留学試験を実施しており、2017年の第2回目の試験は、11月12日（日）に実施されました。

　本書には、日本留学試験の第2回（2017年11月12日実施分）に出題された試験問題が掲載されており、その構成・内容は次のとおりです。

1．本書は、本冊子とCD1枚から成っています。CDには、日本語科目の「聴解・聴読解」の音声が収録されています。

2．日本語科目の「聴解・聴読解」のスクリプト（音声を文章にしたもの）を掲載しています。

3．実際の試験問題冊子と解答用紙は、A4判です。ここに収められている試験問題冊子と解答用紙は、実物より縮小してあります。

4．試験の出題範囲については、本書に「シラバス」として掲載しています。

　試験問題の公開は、日本留学試験について受験希望者及び関係機関に広報するとともに、受験希望者の試験勉強の便宜をはかるために行うものであり、本書が国内外の多くの日本留学希望者の助けとなれば幸いです。

2018年1月

独立行政法人　日本学生支援機構

目　次

試験問題

日本語 ……………………………………………………………………………… 7
　　記述問題　　9　　　　聴読解問題　　41
　　読解問題　　13　　　 聴解問題　　　57

〈日本語版〉

理科 ……………………………………………………………………………… 61
　　物理　63
　　化学　85
　　生物　99

総合科目 ………………………………………………………………………… 115

数学 ……………………………………………………………………………… 137
　　数学コース1（基本コース）　139
　　数学コース2（上級コース）　153

〈英語版〉

Science ………………………………………………………………………… 167
　　Physics　　169
　　Chemistry　191
　　Biology　　205

Japan and the World ………………………………………………………… 219

Mathematics …………………………………………………………………… 243
　　Mathematics Course 1 (Basic Course)　　245
　　Mathematics Course 2 (Advanced Course)　259

解答用紙 ………………………………………………………………………… 272

参考資料 ………………………………………………………………………… 279
　　平成29年度(2017年度)日本留学試験実施要項　　281
　　平成29年度日本留学試験（第2回）実施地別応募者数・受験者数一覧　284
　　平成29年度日本留学試験（第2回）試験会場一覧　　285
　　日本語シラバス　　286
　　理科シラバス　　289
　　総合科目シラバス　300
　　数学シラバス　　302
　　EJU Syllabus for Basic Academic Abilities (Japanese as a Foreign Language)　307
　　EJU Syllabus for Basic Academic Abilities (Science)　310
　　EJU Syllabus for Basic Academic Abilities (Japan and the World)　321
　　EJU Syllabus for Basic Academic Abilities (Mathematics)　323
　　聴読解問題スクリプト　328
　　聴解問題スクリプト　　334

正解表　　The Correct Answers ……………………………………………… 343

平成29年度

日本留学試験(第2回)

試験問題

The Examination

平成29年度（2017年度）日本留学試験

日本語
（125分）

I 試験全体に関する注意
1. 係員の許可なしに，部屋の外に出ることはできません。
2. この問題冊子を持ち帰ることはできません。

II 問題冊子に関する注意
1. 試験開始の合図があるまで，この問題冊子の中を見ないでください。
2. 試験開始の合図があったら，下の欄に，受験番号と名前を，受験票と同じように記入してください。
3. 問題は，記述・読解・聴読解・聴解の四つの部分に分かれています。
それぞれの問題は，以下のページにあります。

	ページ
記述	1～3
読解	5～31
聴読解	33～47
聴解	49～52

4. 各部分の解答は，指示にしたがって始めてください。指示されていない部分を開いてはいけません。
5. 足りないページがあったら手をあげて知らせてください。
6. 問題冊子には，メモなどを書いてもいいです。

III 解答用紙に関する注意
1. 解答は，解答用紙に鉛筆（HB）で記入してください。
2. 記述の解答は，記述用の解答用紙に日本語で書いてください。
読解・聴読解・聴解の問題には，その解答を記入する行の番号 **1** ，**2** ，**3** ，…がついています。解答用紙（マークシート）の対応する解答欄にマークしてください。
3. 解答用紙に書いてある注意事項も必ず読んでください。

※ 試験開始の合図があったら，必ず受験番号と名前を記入してください。

受験番号			*				*				
名　前											

記述問題

説明

記述問題は，二つのテーマのうち，どちらか一つを選んで，記述の解答用紙に書いてください。

解答用紙のテーマの番号を○で囲んでください。
文章は横書きで書いてください。
解答用紙の裏（何も印刷されていない面）には，何も書かないでください。

記述問題

以下の二つのテーマのうち，どちらか一つを選んで 400〜500字程度で書いてください（句読点を含む）。

1.
　現在，社会では，ごみを減らすことが求められています。それにもかかわらず，一度使えばごみになる「使い捨て容器」が使われ続けていることも多いです。
　なぜ，「使い捨て容器」が使われるのか，理由を説明しなさい。
　そして，今後，「使い捨て容器」の問題をどうすればよいか，あなたの考えを述べなさい。

2.
　現在，社会では，経済的に豊かな人と貧しい人との間に，様々な面で「格差」があり，その差を小さくすることが求められています。それにもかかわらず，「格差」は小さくなりません。
　このような「格差」について，例を挙げ，状況を説明しなさい。
　そして，今後，「格差」の問題をどうすればよいか，あなたの考えを述べなさい。

────── このページには問題はありません。──────

読解問題

説明

　読解問題は、問題冊子に書かれていることを読んで答えてください。

　選択肢1，2，3，4の中から答えを一つだけ選び，読解の解答欄にマークしてください。

I 次の文章で、漫画家である筆者が、漫画の最初の1ページで必要だと思っていることはどれですか。　　1

　最初の1ページで、その漫画がどんな内容なのかという予告を、必ず描くようにしています。たとえば戦争についての漫画でしたら、それが「兵士と家族の感動」を表現するのか、あるいは「反戦」がテーマなのか、それとも純粋に「戦場のバトル」を描くのか、まず予告しなければなりません。読者は、いったいどういう漫画なのかという方向性を早く知りたいのですから、いつまでたってもどんな漫画なのかわからない*コマが続いたら、「もういいや」とやめてしまうでしょう。

　1コマ目で**5W1H、2コマ目で主人公のちょっと異様な行動を描き、そこで「これは普通の漫画とは違う、なんだか変わった話だぞ」という感じを演出します。高度なテクニックを要求されますが、描き出しの部分で「この漫画はこういうものだ」と読者に明確に伝えるインパクトは、「この漫画、読んでみようかな」と思わせるために欠かせません。

（荒木飛呂彦『荒木飛呂彦の漫画術』集英社）

*コマ：漫画で、ストーリーを表すために時系列順に描かれる、枠線に囲まれた場面描写
**5W1H：いつ、どこで、誰が、何を、なぜ、どのように（when, where, who, what, why, how）という、出来事についての基本的な情報

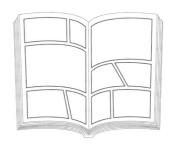

コマの配置の例

1. その作品のテーマと独自性を読者に伝えること
2. すぐには内容をはっきりさせないで読者を引き付けること
3. できるだけ刺激的な絵を描くようにすること
4. 1ページを大きな1コマにして興味を引き付けること

II 次のお知らせの内容と合っているものはどれですか。　　　2

がんばる人を応援しよう！　大川マラソン給水ボランティア募集

【事前説明会】10月8日（日）13時00分～15時00分
　　　　　　　美山大学緑丘キャンパス　第2学舎A109教室
【活　動　日】10月29日（日）7時30分～13時30分
　　　　　　　大川マラソン第一給水所（10km地点）
　　　　　　　　＊最寄り駅は地下鉄大橋駅。交通費の支給はありません。
【参加条件】事前説明会に出席すること
【活動内容】大川マラソン当日の給水所でのランナーへの給水サービス
【募集人数】70名（先着順）＊定員に達し次第，締め切ります。
【対　　象】本学学生
【申し込み】7月19日（水）17時までに以下のいずれかの方法でお申し込みください。

　　窓口申し込み　緑丘キャンパス本館1階ボランティアセンター
　　受付時間：月～土　9時～17時

　　メール申し込み　事務室宛てに，メールを送信してください。
　　宛先：volunteer@×××.ac.jp
　　件名：給水ボランティア参加希望
　　本文：氏名，学籍番号，携帯電話番号，メールアドレスを明記のこと。

　　　　　　　　　　　　　　　　　　　　　　　美山大学ボランティアセンター

1．給水ボランティアの応募者が募集人数を超えた場合は抽選になる。
2．給水ボランティアは，必ず事前説明会に出席しなければならない。
3．大学から活動場所の最寄り駅までの交通費が支給される。
4．給水ボランティアの申し込み方法はメールに限られる。

Ⅲ 筋力トレーニングをした場合の効果の男女差について，次の文章の内容と合っているものはどれですか。

　男子であれ，女子であれ，筋力トレーニングによって最大筋力は増大する。最大筋力が増大する場合の因子について考えてみると，筋力は，筋断面積と単位面積あたりの筋力（絶対筋力）との積として表される。したがって，筋力が増大する場合に，筋断面積が増大する（筋肥大）か，絶対筋力が増加するか，あるいは両者の向上によりひきおこされる。筋が肥大する場合には，基本的条件として筋が強い張力を発揮することがあげられる。したがって，この段階では男女にかかわらず，ある一定以上の張力発揮をすれば筋は肥大する。

　しかし，その効果の大小に影響を及ぼす因子としてホルモンがある。男性ホルモンの存在は筋を肥大させるときには非常に効果的である。思春期以後の男子の筋の発達が女子に比較して著しいのも，この時期に男性ホルモンが著しく分泌されることによる。したがって，筋肥大の側面から考えると，女子は男子より不利であり，男子と同じやり方をしても男子と同じ効果はあまり期待できない。

　一方，絶対筋力は神経系の影響を強く受けている。大脳の興奮水準（集中力）によって絶対筋力は変化する。この神経系の機能に男女差はみられない。したがって，絶対筋力のトレーニング効果は男女ともに同じと考えられる。

　　　　　　　（福永哲夫・湯浅景元『現代の体育・スポーツ科学　コーチングの科学』朝倉書店）

1．絶対筋力では男女差はないが，筋肥大では男女差がある。
2．絶対筋力では男女差があるが，筋肥大には男女差がない。
3．絶対筋力でも筋肥大でも，ともに男女差がある。
4．絶対筋力でも筋肥大でも，ともに男女差はない。

IV 次の文章の内容と合っているものはどれですか。　　　　　　　4

　工場では30年以上前から産業ロボットが活用されており，すでに*省人化なども進んでいる。日本はロボット大国という人もいるくらい，産業用ロボットの日本における開発や工場など現場への展開も，世界でも相対的に進んでいるといって過言ではない。もっとも，産業用ロボットに工場の作業が完全に置き換えられているかというと，必ずしもそうではない。事実，不況で大リストラをやったかと思うと，好景気になれば急に**期間工などが足りなくなる。すべてがすでにロボットでも対応が可能ということなら，こんなことにはなっていないはずだ。

（水野操『あと20年でなくなる50の仕事』青春出版社）

　＊省人化：作業や設備などを改善して作業員の数を減らし，生産性を向上させること
　＊＊期間工：工場などで，短い間だけ雇われる人

1．産業ロボットの普及で人が要らなくなり，リストラされる工員が増えている。
2．産業ロボットは好景気の時は活用されるが，不況の時にはあまり使われない。
3．産業ロボットを活用することによって，人手不足などの問題は解消された。
4．産業ロボットを導入しても，すべての作業にロボットが使われているわけではない。

Ⅴ 下線部「われわれの旅先での行動は，しばしば写真によって方向づけられ，規制される」は，どういうことについて述べたものですか。 5

　われわれの旅先での行動は，しばしば写真によって方向づけられ，規制される。たとえば旅行情報誌に掲載されている観光スポット，レストラン，ショップ，等々の写真イメージに惹きつけられて，そのとおりの場所をめぐったとすれば，われわれの行動は，写真に操られているということができる。またそれぞれの観光スポットで，既存の写真でよくあるアングルや構図で写真を撮ったとすれば，われわれは写真の生産という面でも，流通している写真に操作されていることになる。既存の写真をなぞるように行動し，同じような写真をせっせとつくり出す。これではまるで，流通している写真を複製し，再生産するために旅行に出かけているようなものだ。

　　　　　　（近森高明「写真」
　　　　大橋昭一他編『観光学ガイドブック　新しい知的領野への旅立ち』ナカニシヤ出版）

1．自分の写真を撮る時に，良く写りたいと思って普段はしないことをすること
2．監視カメラが増加したおかげで，観光地で犯罪が減っていること
3．写真で見たものを目当てに旅行に行き，それと同じような写真を旅先で撮ること
4．旅先で，既存の観光写真のコピーを取り，自分が撮った写真として扱うこと

Ⅵ 次の文章で筆者が最も言いたいことは何ですか。

　せっせと雛に餌を運ぶ鳥の親や，子どもを離乳させるために角で突き放すサイを見て，人間もこのようにするべきだと言ったり，共同で巣を守るアリを見ては，社会のための奉仕の精神が大切だと言ったり，動物のすることを教訓めかして語ることは日常に満ち溢れています。
　本当のところ，科学的事実は，私たちの価値判断にどのような影響を与えるのでしょうか？　通常，科学は価値判断とは無関係であると言われています。…（略）…ところが，生き物の話となるとそれは微妙な領域に入ります。「生き物はこのように作られている」という話は，容易に「生き物はそのように生きるべきなのだ」という教訓話に変わるからです。しかしながら，「自然界がこのように作られている」ということから，「人間はそのように生きなければならない」という教訓を引きだすことはできません。

（長谷川眞理子「種と個のあいだ 「利己的な遺伝子」をめぐって」
小林康夫・船曳建夫編『知のモラル』東京大学出版会）

1．科学的事実には人間にとって教訓となることが多い。
2．生物の生き方から，人間のあるべき生き方を導くことはできない。
3．野生動物の姿を擬人化して解釈することで，新しい認識が得られる。
4．自然の営みと人間社会には共通する部分が多い。

Ⅶ 下線部「ファッションにおける模倣は，創造の源泉ともいえる」理由として，最も適当なものはどれですか。　　　　　　　　　　　　　　　　　　7

　＊模倣という行為とファッションとは切っても切れない関係にある。まず流行という現象を生むのが模倣という行為であることはいうまでもない。新しく提案されたデザインが，共感を得れば一部の人から多くの人へと模倣され，流行という現象を生む。そして，新たに提案されたデザイン自体が，実は何かの模倣なのではないのだろうか。以下に述べるように，新しいデザインは異国や過去のファッションから何らかの要素を取り入れることによって生まれることがある。異国の民俗衣裳(いしょう)をそのまま着用するのではなく，それに特徴的な色や柄や飾りの要素を取り出し，自らの服装に取り入れてみれば，新しいファッションは生まれる。＊＊レトロ趣味も同様，過去の服装を忠実に採用するのではなく，過去の痕跡(こんせき)をあえて残す工夫である。実際，服飾の歴史とは，時間と空間における異文化接触の歴史であるといっても過言ではない。多様な文化の交流の中で多彩なデザインが生まれてきたのであり，それを支えてきたのが模倣という行為である。ファッションにおける模倣は，創造の源泉ともいえる。

　　　　　　　　　　（徳井淑子「模倣とファッション」
　　　　　　　　　牛腸ヒロミ編著『ものとして，心としての衣服』放送大学教育振興会）

　＊模倣：まねをすること
　＊＊レトロ趣味：昔のことやものを懐かしみ，それをいいものだとする考え方

1．既にあるものの要素を模倣することで新たなファッションが生まれるから
2．昔のファッションそのままでも，時代が変われば新しく感じられるから
3．忠実に模倣することで，そのファッションの要素を学ぶことができるから
4．新しいファッションを多くの人が模倣することで流行が生み出されるから

Ⅷ 次の文章の（ A ）に入るものとして，最も適当なものはどれですか。 　8

　人間の社会が，一方では豊富な生産物によって消費生活を豊かにし，また高い生産力が福祉社会の実現に役立ってきたのをみるとき，その限りにおいては，効率性という経済の原則が，人間社会を支える原則のひとつである，と肯定することができる。
　しかし，他方では，経済の原則とはあいいれないような，社会原則とでも言うべきものが，人間社会を支えていることも見落してはならない。
　それは弱者をも抱えこんだ，あるいは役に立つ立たないという視点をこえた，「（ A ）」とでもいうべきものである。たとえば家族という共同体の中では，弱いものほど大切にされ，いたわられている。それは何のため，ということではなく，ただそうしないではいられないからである。そして，そのような共存の社会原則を尊重してきた社会は，効率の経済原則からみれば亡びるように思われるにもかかわらず，歴史的には逆に繁栄してきたのであった。

（暉峻淑子『豊かさとは何か』岩波書店）

1．効率の原則
2．生産の原則
3．消費の原則
4．共存の原則

IX 次の文章で筆者はアメリカでの体験でどんなことを学んだと言っていますか。 9

　わたしがアメリカで生活をしていた時，コミュニケーションにおいて，日本で体験しなかったような出来事がありました。
　渡米して数年後，大企業の役員の秘書として仕事をしていましたが，わたしは他の社員からあまりよく思われていないような気がしていました。特にある女性社員からは意地の悪い言葉を頻繁にかけられるように感じていましたが，努めて受け流すようにしていました。トラブルを起こして人間関係がギクシャクするのが嫌だったのです。
　ある年末の，とても忙しく猫の手も借りたいようなときのことでした。彼女がまた意地悪を仕掛けてきたように感じて，とうとうわたしは平常心を失い，自分でもびっくりするような勢いで言い返してしまいました。
　次の日，落ち込んでいるわたしに彼女が笑顔で言ったんです。「今まで何を言っても反応のない，変な人だと思っていた。しかしあなたは信念のある人だった」と。わたしはそこで初めて，日本にいたころとは違い，自分の意見を述べることの大切さを学びました。

1．アメリカではどんな場合でも反論をしなければならないこと
2．アメリカではトラブルを起こさないほうがいいこと
3．アメリカでは意地悪をされても気にしないほうがいいこと
4．アメリカでは自分の考えをはっきり言ったほうがいいこと

X 次の文章で，筆者は，宇宙飛行士は訓練中にどんなことを学ぶと述べていますか。

10

　宇宙飛行士はみんなエリートとして選ばれてきています。それぞれ，誰にも負けない得意分野を持っています。NASAの宇宙飛行士候補に選ばれて訓練がスタートするときは，この部分については訓練担当が何と言おうと，自分は他の人よりできるという自信をもっています。だから，プライドも非常に高い。しかし，宇宙飛行士はスーパーマンではありません。弱点もあります。訓練ではその弱点を徹底的に認識させ，弱点の部分は他の宇宙飛行士にまかせることの大切さを学びます。

　その際のポイントが，オープン・マインドです。プライドを捨てるということではなく，素直な心で，自分が得意でリーダーになれる部分とフォロワーで他の人に従う部分を区別するということです。

（毛利衛『宇宙から学ぶ』岩波書店）

1．自分の弱点を認識し，克服すること
2．自分が不得意なことは，得意な人にまかせること
3．プライドを捨てて，他の人のために働くこと
4．どんな場合でも訓練担当の指示に素直に従うこと

XI 次の文章を読んで後の問いに答えなさい。

　現在の社会は，自然環境の保全や回復と常に向き合っている。その活動のひとつに，「砂漠緑化」があげられる。砂漠と聞くと，たいていの人は，太陽が照りつけ，砂が広がる大地を思い浮かべるだろう。気候が厳しく，草も育たない土地で，人間が樹木を生い茂らせることができるのだろうか。このことから，砂漠緑化の可能性を疑問に思い，むしろ砂漠も自然の生態系の一つなのだから人間の手を入れるのはよくない，と主張する人もいる。

　一口に砂漠と言っても，そのタイプは様々である。中国には，沙地(さち)と呼ばれる土地がある。沙地は，もともと水も草もあったが，家畜の放牧といった人間の活動によって草原が破壊されたところである。草がなくなって，草の下にあった砂が地表に出，さらにその上を風が吹き，砂の山ができることによって，砂漠状の土地になったと考えられている。

　砂漠緑化とは，実は，沙地での活動を指すことが多い。サハラ砂漠のような気候的に厳しいところとは異なり，沙地には年平均で400mmの降水量がある。これは，草木が育つ気候条件であるため，そこに緑を取り戻し，維持していくことは工夫次第で可能なのである。

（徳岡正三『砂漠化と戦う植物たち』研成社　を参考に作成）

問1　下線部「砂漠緑化の可能性を疑問に思い」における疑問の内容として，最も適当なものはどれですか。　　11

1．砂漠でも草木を育てられるのではないか。
2．砂漠では草木を育てられないのではないか。
3．どうして人々は砂漠に草や木を植えないのだろうか。
4．どうして砂漠では草も木も育たないのだろうか。

問2　「砂漠緑化」について，筆者の意見に最も近いものはどれですか。　　12

1．砂漠の緑化は自然にまかせるべきである。
2．砂ばかりの地域にこそ木を植えるべきである。
3．砂漠の中にも緑を回復させられるタイプがある。
4．砂漠の緑化は自然破壊につながる恐れがある。

XII 次の文章を読んで後の問いに答えなさい。

　市民にも二つのタイプがあります。それは「市民」と「住民」の違いです。「市民」は市民であることを自覚し、まちづくりの構成員のひとりとして権利と義務をわきまえ、必要な発言や行動をする人であります。こうした「市民」がまちにどれだけ存在するかによって、そのまちがどういうまちになるか決まると言ってもよいと思います。よく見るとまちも様々です。ある行政課題で、他のまちより優れた制度や施策を実施している自治体は、その課題について市民要求や運動の実績があっての結果であると思います。果物は収穫期になれば必ず実りますが、人間社会のそれは自然に任せていたのでは実らない。ほっておいて改善や進歩はありません。そう見えてもどこかで、誰かの取り組みや苦労が必ずあったに違いないのです。「市民」の存在はまちの進歩や発展にとって推進力となるもので、まちの大切な財産でもあると思います。これからの時代は多くの市民に関心を持ってもらい、単に存在するだけの「住民」から「市民」への変革が特に求められているのではないでしょうか。

（山本宣親『図書館づくり奮戦記』日外アソシエーツ）

問1　下線部「人間社会のそれは自然に任せていたのでは実らない」とは、何がうまくできないことを意味していますか。　13

1．行政課題の解決
2．農作物の収穫
3．住民数の増加
4．私有財産の蓄積

問2　筆者が考える「市民」とは、どのような人ですか。　14

1．その地域に財産を持っている人
2．「住民」より強い権利を持っている人
3．その地域に住んでいる人
4．まちづくりに取り組もうとする人

このページには問題はありません。
次のページに進んでください。

XIII　次の文章を読んで後の問いに答えなさい。

　影と言えば，高校時代に油絵を描いていた私は，影は黒いものだと思い込んでいて，黒の絵の具を*テレピンで薄めて影を付けていた。漁村を写生した絵を直していたとき，父は「よく見なさい。影は黒とは限らない」と言って，パレットにあった紫の絵の具を筆に取り，影の部分を直し始めたことがあった。直接，教えてもらったのは，後にも先にもその一回限りだったが，紫を使うと，絵が明治や大正のそれのように，古めかしく重苦しい印象になると思って避けていたのに，影に紫の絵の具を重ねたとたん，暗くて寂れた漁村が，**モネの描くような明るいモダンな海景へ一変したのには驚いた。(1)色の力を見た瞬間でもあった。

　絵を描くことは，対象をよく見ることを学ぶのにはよい機会だ。(2)素直な目で対象を見ることは思いの外，難しい。影は黒だと頭で思い込んでいると，黒にしか見えない。しかし，見たままの色を写し取ろうとよく見ると，影が黒いことはむしろ稀(まれ)で，物体や照明の影響を受けてさまざまな色をしていることに気づく。

　　　　（三浦佳世「土地の色・影の色」岩波書店編集部編『科学者の目，科学の芽』岩波書店）

＊テレピン：油絵の具を薄めるのに使う油
＊＊モネ：フランスの画家

問1　下線部(1)「色の力」とは，どのような力ですか。　　　15

1．色を一つ変えるだけで絵の全体的な印象を変える力
2．色を重ねることで，絵全体に立体感を生む力
3．暗い色が，絵全体を引き締めて見せる力
4．暗い色が，重く寂しい気持ちを表現する力

問2　下線部(2)「素直な目で対象を見ることは思いの外，難しい」のは，なぜですか。

16

1．対象の色を，自分が絵の具で作れる色に当てはめて見てしまうから
2．大人からいろいろ注意されると，自分の目で見なくなるから
3．その時々の気持ち次第で，同じ色でもさまざまな色に見えてしまうから
4．先入観で，対象の色の見え方が決まってしまうことがあるから

XIV 次の文章を読んで後の問いに答えなさい。

　ニューキャッスル大学のベイトソン博士たちの行なった(1)実験は，眼の写真を壁に貼っておくだけで，実際に人間を正直者にすることができることを示した。この実験の行なわれたニューキャッスル大学では，コーヒーや紅茶を飲んだら自主的に「正直箱」という箱に指定された金額を寄付する制度になっていた。実験者がこっそり，コーヒーや紅茶の台の前に「眼の絵」が描いてあるポスターと「花の絵」のポスターを毎週貼り替えて，それぞれの週ごとに自主的に払ったお金の量を調査した。…（略）…

　この実験では，眼の写真が貼られていた週では，より多くの正直箱への寄付が行なわれているということがわかった。データからは，実に倍以上ものお金を正直に支払うようになったことが読み取れる。

　もちろん，眼の写真が貼られていたからといって，本当に誰かに見られているわけではないということは，わかっているはずである。それにもかかわらず，眼という視覚刺激を与えられることで，他人の眼というものを感じ取って，無意識のうちに(2)行動に影響が出てしまうのである。

　　　　　（金井良太『脳に刻まれたモラルの起源──人はなぜ善を求めるのか』岩波書店）

問1　下線部(1)「実験」の結果として，正しいものはどれですか。　　17

1．決められた金額より多くのお金を寄付した。
2．他の人が寄付をしているかどうかよく見た。
3．台の前にポスターがなくても自然に寄付をした。
4．台の前に眼のポスターがある場合，寄付の金額が多かった。

問2　下線部(2)「行動に影響が出てしまう」とありますが，どうしてですか。　　18

1．誰かに見られていると，その視線が気になるから
2．周りに人がいると，その人の行動をよく見るようになるから
3．誰にも見られていないのに，無意識のうちに他人の視線が気になるから
4．周りに人がいないのに，他人が見ているかどうか確認するようになるから

XV 筆者は*ろう者の世界観，価値観について大学で教えています。次の文章を読んで後の問いに答えなさい。

　異文化を学ぶ方法として，「体験を通して学ぶ」ということがよく行なわれているようだ。たとえばアフリカの料理を作って食べてみたり，伝統衣装を着てみたりするなど，物質的な文化を体験して楽しみながら学ぶといったものだ。一方，そのような体験学習が難しく，しかし理解することが欠かせないのが，価値観や世界観に関わる部分だろう。実際，異文化コミュニケーションの難しさの多くはそこに関わっており，その部分をいかにうまく教えるかというのは教員の力量にかかっている。…（略）…
　*ろう者の価値観や世界観は，それこそ「料理して食べてみよう」というような方法が取りづらいたぐいの文化だ。これをどのように学生に示すか，私は大学で授業をする立場になってから，たいへんな苦労を重ねてきた。実際，講義形式でたんたんと事実を紹介するだけでは，**マジョリティの思いこみ自体をくつがえすことはできない。その結果，ろう者たちの文化が正しく理解されず，ドラマなどでありがちな「愛と感動の物語」や「逆境を克服する美談」のような，こちらが意図していない理解で終わってしまうことがある…（略）…。授業が終わったあと，受講生の感想文を一枚ずつめくってはひそやかにショックを受ける。ああ，今日も「感動」されてしまった，うまくいかなかった，と。
（亀井伸孝「異文化理解の姿勢を教室で教える」
武田丈・亀井伸孝編『アクション別フィールドワーク入門』世界思想社）

＊ろう者：耳が聞こえない人
＊＊マジョリティ：多数派の人々

問1　異文化の価値観や世界観を理解する方法について，筆者はどのように考えていますか。　　19

1．異文化の価値観や世界観を楽しみながら学ぶ風潮があるのは問題だ。
2．異文化の価値観や世界観は体験学習などで簡単に学べるものではない。
3．異文化の価値観や世界観は講義形式で教えるのがよい。
4．異文化の価値観や世界観は物質的な文化と同様に学ぶのがよい。

問2　下線部「うまくいかなかった」とありますが，何がうまくいかなかったのですか。　　20

1．学生に異文化を楽しみながら学ばせること
2．ろう者が逆境を克服して生きる物語で学生を感動させること
3．学生にろう者の持つ価値観や世界観を理解させること
4．感動を通して学生にろう者の文化を体験してもらうこと

XVI　次の文章を読んで後の問いに答えなさい。

　落葉がはじまるすこし前，葉に卵を産みつけにくるガがいます。＊モンクロシャチホコです。八月は一枚の葉に赤褐色の小さな体を集めておとなしく食害していますが，九月になるとあちこちの葉に広がり，葉を食べる量が増えていきます。
　…（略）…
　「不快害虫」として桜並木では話題となります。この毛虫は落ちる前の，葉としての役目が終了する葉を食べているのです。
　…（略）…
　自然の循環では，葉が落ちて微生物によって分解され，腐葉土になるのには，半年から一年かかります。幼虫の糞（ふん）は，細長いからだの中でよくこなれているので，桜の木の下に落ち，土に混ざれば，来年の春には再利用できる肥料になります。落ち葉を経ないで短時間で大量の肥料をつくっているのが，モンクロシャチホコの幼虫の自然界での仕事だと思えます。
　桜並木では毎年，何本かの木に発生して，消毒や駆除がおこなわれています。サクラはモンクロシャチホコをいやがってはいません。むしろ葉を食べさせていると思われます。だいじな来年の花芽や葉芽を包む＊＊芽鱗（がりん）は堅く，毛虫の口ではかじれないからです。わが家の近くの桜並木でも，何本かの木の葉が半分以上なくなります。葉が早めになくなった枝でも，つぎの年の花の咲き方や葉の量には，ほかの枝とのちがいは認められません。九月から失った葉は，来年の生育には影響がないのです。
　ある公園では，葉をモンクロシャチホコが食害している枝を，ガスバーナーで桜の芽ごと焼き殺していました。その枝からは来年の春，花は咲かず，葉も出ないでしょう。これは公園管理者の認識不足だけではありません。公園を利用する人や近隣住民の意思も反映していると思われます。このような「不快害虫」の処理は，身近にある自然への無理解の現実があるように思えます。

（石井誠治『樹木ハカセになろう』岩波書店）

＊モンクロシャチホコ：ガの一種。幼虫は桜などの葉を食べる
＊＊芽鱗：樹木の冬芽を包んでいる鱗（うろこ）のような葉

問1　下線部「葉を食べさせている」と筆者が考える理由として，最も適当なものはどれですか。　21

1．花芽や葉芽は食べられず，食べられた葉は糞になり肥料に変わるから
2．不要な葉を食べさせることで，必要な葉を残すことができるから
3．葉を食べられた方が，次の年により多くの葉をつけることができるから
4．モンクロシャチホコに食べられる葉の量は，ごくわずかだから

問2　モンクロシャチホコについて，筆者の考えと合っているものはどれですか。　22

1．樹木を守るためには処理が必要である。
2．駆除は，近隣住民と協力して行うべきだ。
3．植物との関係をよく理解すべきである。
4．火を使わずに処理する方法を考えるべきである。

XVII 次の文章を読んで後の問いに答えなさい。

　記者という仕事をしている人なら，きっと先輩から「必ず現場に行け」と繰り返し言われていると思います。これは，自分が行ったことがある場所や，そこで何が起きたかを知っている場合でも，例外ではありません。
　しかし，現場に行くのが簡単ではない場合もあります。例えば，海外で，その地域に記者が駐在しておらず，そこに行くのに時間がかかるような場合です。そのような場合，近くの地域にいる記者が，国際放送をテレビで見る，その地域の新聞を読む，国際電話で取材をする，などして記事を書くことがあります。このように，直接現場を見ずに記事を書くこともあるわけです。
　こうした記事は，どんな情報だと考えたらよいのでしょうか。今の時代，テレビや新聞やインターネットなどを通してさまざまな情報が手に入り，記者は現場に行かなくても「見る」ことができます。ですから，「確認するためだけに現場に行く必要があるのか」と思うかもしれません。しかし，現場に行くと，自分が得ていた情報が，全体の中の一部分に過ぎなかったことがよくわかるものです。現場に行かなければ見えないことは数多くあります。わかったと思っていただけで，本当はわかっていなかったことに気づくのです。
　それは，どんな情報も何らかの「編集」や「加工」をしたものだからです。実際には，カメラに映っていない情報，書かれていない情報が存在します。テレビや新聞のニュースもインターネットの情報も，「そこにない情報」の方が圧倒的に多いのです。
　（　A　），記者は，現場に行かなければ，情報を深く書くことができないはずです。これは，外国のように，文化の異なる地域においては，特にあてはまることです。さらに，記者が現場にどのぐらい長く滞在して取材をしているか，といったことも，情報の深さに影響を与えるわけです。例えば，事件の前後の変化は，その時期を通して現場にいなければ，事実に迫る情報が得られない可能性があるのです。
　（松林薫『新聞の正しい読み方――情報のプロはこう読んでいる！』NTT出版　を参考に作成）

問1　下線部「見る」は，具体的には何を見るのですか。　23

1．現場でしかわからない状況
2．現場のある程度の状況
3．現場に行って確かめるべき状況
4．現場全体のありのままの状況

問2　（　A　）に入るものとして，最も適当なものはどれですか。　24

1．とはいえ
2．なぜなら
3．したがって
4．それでも

問3　この文章で筆者が最も言いたいことはどれですか。　25

1．記者は，実際に現地に行かなければ，十分な情報を伝えることはできない。
2．記者は，異なる文化に影響されることなく，自分の感じたままを記事にすべきだ。
3．記者は，様々なメディアからの情報をいち早く分析することが大切である。
4．記者は，現場の情報をすべて伝えるのではなく適切に編集することが大切である。

────── このページには問題はありません。──────

聴読解問題

説明

　聴読解問題は，問題冊子に書かれていることを見ながら，音声を聴いて答える問題です。

　<u>問題は一度しか聴けません。</u>

　それぞれの問題の最初に，「ポーン」という音が流れます。これは，「これから問題が始まります」という合図です。

　問題の音声の後，「ポーン」という，最初の音より少し低い音が流れます。これは，「問題はこれで終わりです。解答を始めてください」という合図です。

　選択肢１，２，３，４の中から答えを一つだけ選び，聴読解の解答欄にマークしてください。

　１番の前に，一度，練習をします。

聴読解問題

練習

　学生がコンピュータの画面を見ながら先生の説明を聞いています。学生は今，画面のどの項目を選べばいいですか。

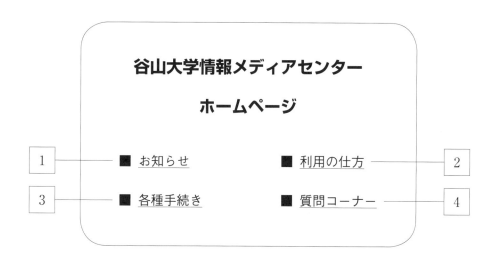

1番

先生が,「ビブリオトーク」について話しています。この先生がビブリオトークの効果の中で特に注目しているのは,どの点ですか。　　　　　　　　　　　　1

2番

　先生が授業で，物の長さを測る手段について話しています。この先生が最後にする質問の答えはどれですか。

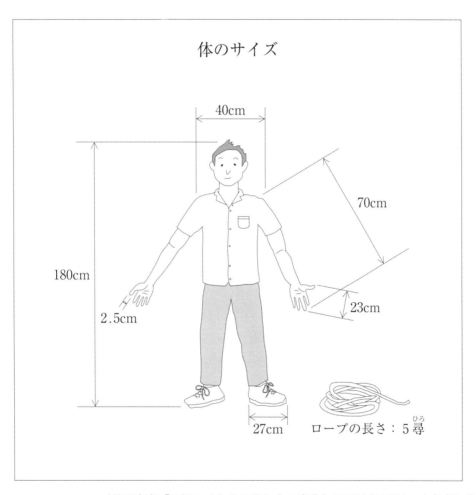

（星田直彦『図解よくわかる測り方の事典』KADOKAWA　を参考に作成）

1．　23cm × 5 ＝ 115cm
2．　40cm × 5 ＝ 200cm
3．　70cm × 5 ＝ 350cm
4．180cm × 5 ＝ 900cm

3番

先生が，授業で話しています。この先生の話によると，医者が診断を保留することが多いのは，図のどこに当たる場合ですか。

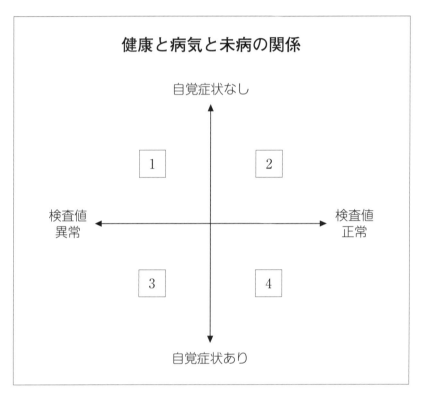

（喜多敏明「東洋医学と園芸療法の融合」陽捷行編著『北里大学農医連携学術叢書 第1号 現代社会における食・環境・健康』養賢堂）

4番

先生が,汗をかいた後の水分補給の実験について話しています。この実験で,水を与え始めてからラットが飲んだ水の総量をグラフに表すと,どのようになりますか。 4

1.
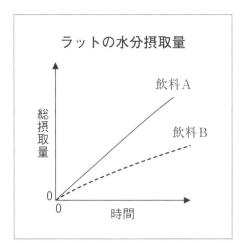

2.
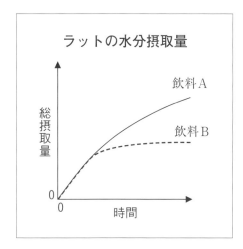

3.
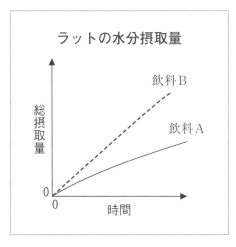

4.
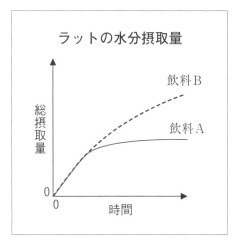

(岡村浩嗣『ジムに通う人の栄養学』講談社 を参考に作成)

5番

女子学生と男子学生が，グラフを見ながら話しています。このあと，この女子学生は，グラフをどのように描き直しますか。

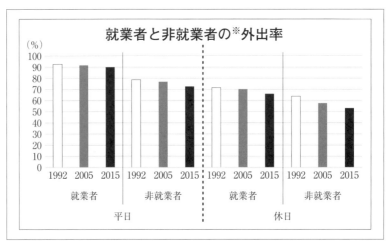

※外出率：一日一回は家から出かける人の割合

（国土交通省「全国の都市における人の動きとその変化」）

1.
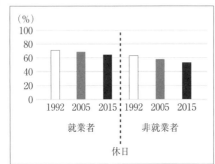

2.
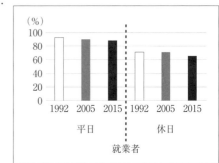

3.
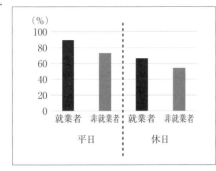

4.
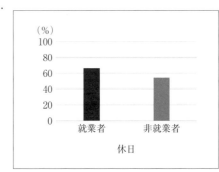

6番

先生が，解剖学の授業で，「顔」の範囲について話しています。この先生の話によると，解剖学でいう「顔」はどれですか。　　6

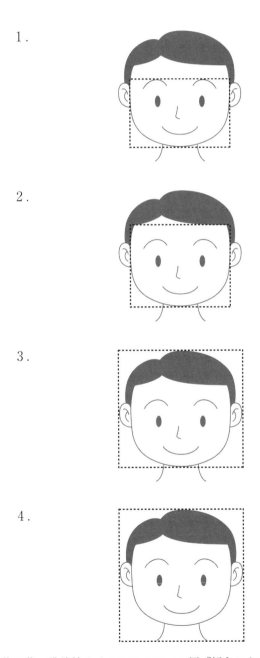

（竹内修二著　講談社サイエンティフィク編『好きになる解剖学』講談社　を参考に作成）

7番

先生が，図を見せながら話しています。この先生の話によると，フジツボの一種であるイワフジツボという生物はどこに生息していますか。

7

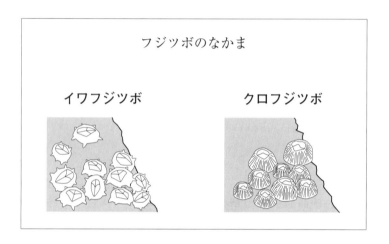

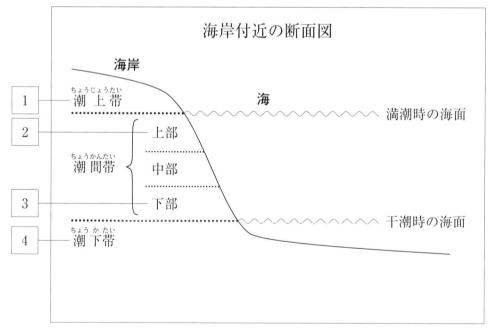

（吉田正人『自然保護　その生態学と社会学』地人書館　を参考に作成）

8番

先生が，タイヤの中の空気の量について説明しています。この先生が最後にする質問の答えはどれですか。 8

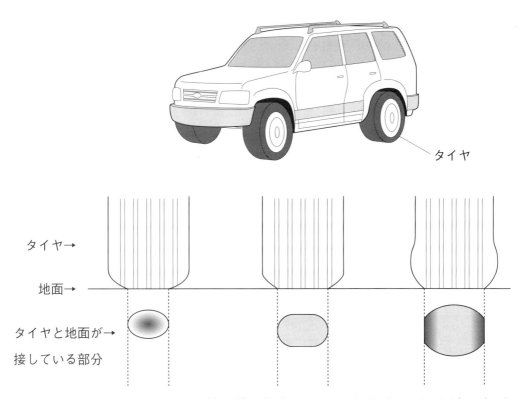

（色の濃い部分はタイヤから地面にかかる圧力が高い）
（御堀直嗣『タイヤの科学　走りを支える技術の秘密』講談社　を参考に作成）

1．全体が均等にすり減っていく。
2．中央部分がすり減っていく。
3．両端がすり減っていく。
4．すり減らなくなる。

9番

女子学生と男子学生が，デザインの授業の課題について，薬の箱を見ながら相談しています。この二人は，箱のどの部分について変更するつもりですか。

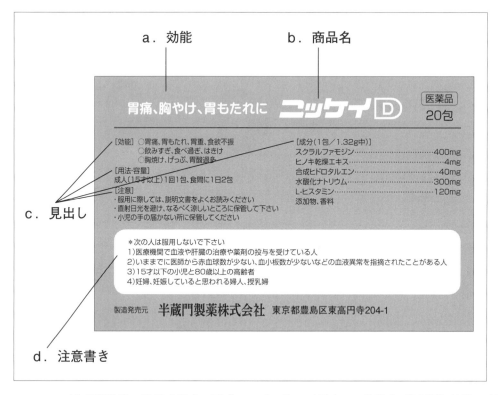

（中川聰監修　日経デザイン編『ユニバーサルデザインの教科書 第3版』日経BP社）

1．aとb
2．cとd
3．dのみ
4．aとcとd

10番

先生が，自動車の自動運転について話しています。この先生の話によると，現在，すでに実用化されている車は，図のどのレベルまでですか。　10

自動運転のレベル

レベル	操作の主体	内容
1	運転手	アクセル・ブレーキ・ハンドルの操作のうち，一つを自動化
2	運転手	アクセル・ブレーキ・ハンドルの操作のうち，複数を自動化
3	人工知能（AI）	運転手は緊急時だけ操作する
4	人工知能（AI）	運転手が関与しない完全自動運転

1 ─ レベル1
2 ─ レベル2
3 ─ レベル3
4 ─ レベル4

（「自動運転はどこまで進むのか」読売新聞2017年1月6日　をもとに作成）

11番

先生が授業で，人間の思考と行動のパターンについて話しています。この先生がよくないと言っているのは，どのパターンですか。

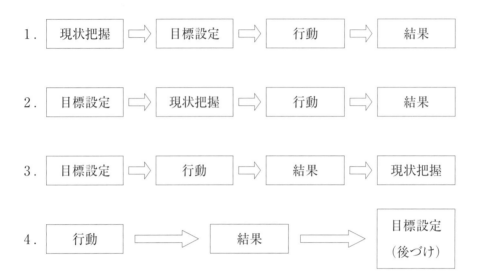

（内田和俊『最強チームのつくり方』日本経済新聞出版社　を参考に作成）

12番

先生が，備蓄食料について話しています。この先生の話によると，備蓄食料の内容を見直した方がよいのは，どの自治体ですか。　12

各自治体が備蓄している食料の比率（％）

自治体	乾パン	アルファ米	缶詰	おかゆ	その他
1　A	4.1	95.9	0	0	0
2　B	19.6	0	0	69.5	10.9
3　C	20.5	8.8	67.7	3.0	0
4　D	38.4	3.8	53.5	1.1	3.2

──── このページには問題はありません。────

聴解問題
説明

　聴解問題は，音声を聴いて答える問題です。問題も選択肢もすべて音声で示されます。問題冊子には，何も書かれていません。

<u>問題は一度しか聴けません。</u>

　このページのあとに，メモ用のページが3ページあります。音声を聴きながらメモをとるのに使ってもいいです。

　聴解の解答欄には，『正しい』という欄と『正しくない』という欄があります。選択肢1，2，3，4の一つ一つを聴くごとに，正しいか正しくないか，マークしてください。正しい答えは一つです。

　一度，練習をします。

この問題冊子を持ち帰ることはできません。

― メ モ ―

― メ　モ ―

― メ　モ ―

平成29年度（2017年度）日本留学試験

理　科

（80分）

【物理・化学・生物】

※　3科目の中から，2科目を選んで解答してください。
※　1科目を解答用紙の表面に解答し，もう1科目を裏面に解答してください。

Ⅰ　試験全体に関する注意
1. 係員の許可なしに，部屋の外に出ることはできません。
2. この問題冊子を持ち帰ることはできません。

Ⅱ　問題冊子に関する注意
1. 試験開始の合図があるまで，この問題冊子の中を見ないでください。
2. 試験開始の合図があったら，下の欄に，受験番号と名前を，受験票と同じように記入してください。
3. 各科目の問題は，以下のページにあります。

科目	ページ
物理	1 ～ 21
化学	23 ～ 35
生物	37 ～ 51

4. 足りないページがあったら，手をあげて知らせてください。
5. 問題冊子には，メモや計算などを書いてもいいです。

Ⅲ　解答用紙に関する注意
1. 解答は，解答用紙に鉛筆（HB）で記入してください。
2. 各問題には，その解答を記入する行の番号 1 , 2 , 3 , …がついています。解答は，解答用紙（マークシート）の対応する解答欄にマークしてください。
3. 解答用紙に書いてある注意事項も必ず読んでください。

※　試験開始の合図があったら，必ず受験番号と名前を記入してください。

受験番号			*			*					
名　前											

物理

「解答科目」記入方法

解答科目には「物理」,「化学」,「生物」がありますので,この中から2科目を選んで解答してください。選んだ2科目のうち,1科目を解答用紙の表面に解答し,もう1科目を裏面に解答してください。

「物理」を解答する場合は,右のように,解答用紙にある「解答科目」の「物理」を○で囲み,その下のマーク欄をマークしてください。

科目が正しくマークされていないと,採点されません。

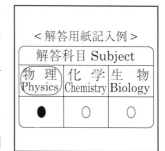

I 次の問い A (問1), B (問2), C (問3), D (問4), E (問5), F (問6) に答えなさい。ただし，重力加速度の大きさを g とし，空気の抵抗は無視できるものとする。

A 次の図のように，3本の軽い糸 a, b, c をつなぎ，質量 m の小球を天井からつるした。a が鉛直方向となす角は 60°，b が鉛直方向となす角は 30° である。a の張力を T_a, b の張力を T_b とする。

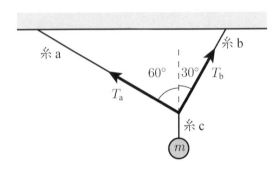

問1 T_a はどのように表されるか。正しいものを，次の①～⑤の中から一つ選びなさい。
                                                                    [1]

① $\dfrac{1}{2}mg$ ② $\dfrac{\sqrt{3}}{3}mg$ ③ $\dfrac{\sqrt{3}}{2}mg$ ④ mg ⑤ $\sqrt{3}mg$

B　次の図のように，水平面とのなす角が θ の粗い斜面の上に質量 m の小物体を置き，斜面に沿って上向きに大きさ F の力を小物体に加えたところ，小物体は静止した。次に，力の大きさ F を小さくしていったところ，F がある力の大きさ F_0 より小さくなったとき，小物体は斜面上を滑り始めた。小物体と斜面の間の静止摩擦係数を μ とする。

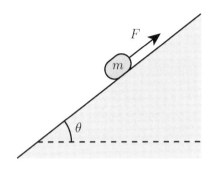

問2　F_0 はどのように表されるか。正しいものを，次の①～④の中から一つ選びなさい。

　　　　　　　　　　　　　　　　　　　　　　　　　　　　　　　2

① $mg(\cos\theta - \mu\sin\theta)$　　　　② $mg(\sin\theta - \mu\cos\theta)$

③ $mg\left(\dfrac{1}{\mu}\cos\theta - \sin\theta\right)$　　　④ $mg\left(\dfrac{1}{\mu}\sin\theta - \cos\theta\right)$

C 次の図のように，伸び縮みしない軽い糸の両端に質量 m の小物体 A と質量 $2m$ の小物体 B をつけ，定滑車にかけた。A を床の上に置き，糸が鉛直でたるまないように B を支えた。このとき，B は床より h だけ高い位置にあった。次に，B を静かにはなしたところ，B は鉛直下向きに動き出した。B が床に衝突する直前の速さは v であった。滑車は摩擦なく回転し，その質量は無視できるものとする。

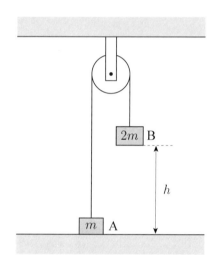

問3　h はどのように表されるか。正しいものを，次の①～⑦の中から一つ選びなさい。

$\boxed{3}$

① $\dfrac{v^2}{3g}$　　② $\dfrac{v^2}{2g}$　　③ $\dfrac{2v^2}{3g}$　　④ $\dfrac{v^2}{g}$

⑤ $\dfrac{3v^2}{2g}$　　⑥ $\dfrac{2v^2}{g}$　　⑦ $\dfrac{3v^2}{g}$

D 静止している物体が，反対方向に運動する2つの物体A，Bに分裂した。Aの質量を m_A，速さを v_A，運動エネルギーを K_A とし，Bの質量を m_B，速さを v_B，運動エネルギーを K_B とする。

問4 $\dfrac{v_A}{v_B}$ と $\dfrac{K_A}{K_B}$ はどのように表されるか。正しい組み合わせを，次の①〜④の中から一つ選びなさい。　　　4

	①	②	③	④
$\dfrac{v_A}{v_B}$	$\dfrac{m_A}{m_B}$	$\dfrac{m_A}{m_B}$	$\dfrac{m_B}{m_A}$	$\dfrac{m_B}{m_A}$
$\dfrac{K_A}{K_B}$	$\dfrac{m_A}{m_B}$	$\dfrac{m_B}{m_A}$	$\dfrac{m_A}{m_B}$	$\dfrac{m_B}{m_A}$

E 次の図のように,なめらかな水平面上に軽いばねを置き,一端に小球をつけ,他端を壁に固定する。小球をばねが自然長となる位置から距離 d だけ引いて静かにはなしたところ,小球は自然長の位置を中心とする振幅 d の単振動をした。小球が自然長の位置を通過する時,小球の速さは v_0 であった。小球の速さが $\frac{v_0}{2}$ の時,小球は自然長の位置から距離 x だけ離れていた。

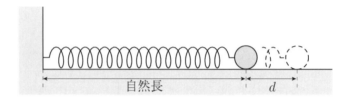

問5　x はどのように表されるか。正しいものを,次の①~⑥の中から一つ選びなさい。 **5**

① $\dfrac{d}{4}$　　　② $\dfrac{d}{2}$　　　③ $\dfrac{\sqrt{6}\,d}{4}$

④ $\dfrac{\sqrt{2}\,d}{2}$　　　⑤ $\dfrac{3d}{4}$　　　⑥ $\dfrac{\sqrt{3}\,d}{2}$

F 次の図のように，地球を焦点の一つとする楕円軌道を周回する人工衛星がある。人工衛星が地球に最も近づいたときの人工衛星と地球の中心との距離を r とすると，楕円軌道の長軸の長さは $10r$，短軸の長さは $6r$ である。人工衛星が地球に最も近づいたときの人工衛星の速さを v_0，人工衛星が楕円軌道の短軸上の位置を通過したときの人工衛星の速さを v_1 とする。

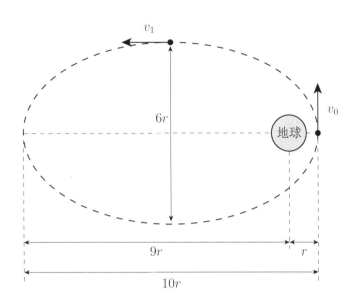

問6 $\dfrac{v_1}{v_0}$ の値はいくらか。正しいものを，次の①〜⑥の中から一つ選びなさい。　6

① 1　　　　　　　　② $\dfrac{1}{2}$　　　　　　　　③ $\dfrac{1}{3}$

④ $\dfrac{1}{4}$　　　　　　　　⑤ $\dfrac{1}{5}$　　　　　　　　⑥ $\dfrac{1}{6}$

II 次の問い **A**（問1），**B**（問2），**C**（問3）に答えなさい。

A 断熱容器に入った 30 ℃ の水 1000 g に，0 ℃ の氷 200 g を入れる。ただし，氷の融解熱を 330 J/g，水の比熱を 4.2 J/(g·K) とし，断熱容器の熱容量は無視できるものとする。

問1 じゅうぶん時間が経過した後，容器内の温度はいくらになるか。最も適当な値を，次の①～⑥の中から一つ選びなさい。　　　**7** ℃

① 10   ② 12   ③ 14   ④ 16   ⑤ 18   ⑥ 20

B 次の図のように，2つの同じシリンダーAとBが，互いに向かい合った状態で，水平な床に固定されている。なめらかに動く，断面積の等しい2つのピストンが共通の軸でつながれている。これらの2つのピストンによって，A内には0.20 mol，B内には0.60 molの理想気体が閉じ込められている。A内の気体はヒーターで加熱することができる。初め，A，B内の気体は同じ温度，同じ圧力であった。ヒーターでA内の気体を一定時間加熱したところ，A内の気体の体積が初めの1.5倍になった。この時のA内の気体の温度をT_A，B内の気体の温度をT_Bとする。シリンダーとピストンは断熱材でできており，その熱容量は無視できるものとする。

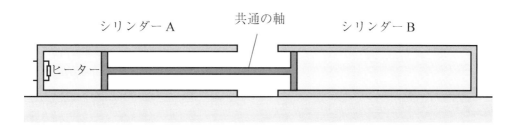

問2　$\dfrac{T_A}{T_B}$ はいくらか。最も適当な値を，次の①〜⑥の中から一つ選びなさい。　8

① 0.50　　② 0.80　　③ 1.0　　④ 1.3　　⑤ 1.8　　⑥ 2.0

C 一定量の理想気体の圧力を p, 体積を V, 絶対温度を T とする。この理想気体の状態を, 図1の V-T 図のように, A→B→C→D→A と変化させた。

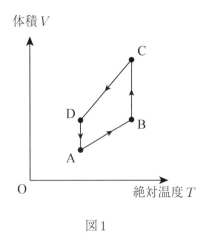

図1

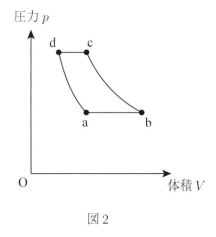

図2

問3 この状態変化は, 図2の p-V 図ではどのように表されるか。正しいものを, 次の①〜⑧の中から一つ選びなさい。 9

① a → b → c → d → a   ② a → d → c → b → a
③ b → c → d → a → b   ④ b → a → d → c → b
⑤ c → d → a → b → c   ⑥ c → b → a → d → c
⑦ d → a → b → c → d   ⑧ d → c → b → a → d

III 次の問い A（問1），B（問2），C（問3）に答えなさい。

A 次の図は，x軸の正の向きに伝わる横波の，ある時刻における媒質の変位 y と位置 x との関係を表したグラフである。

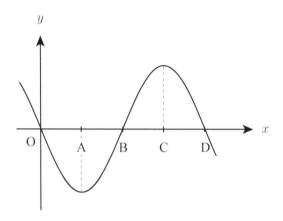

問1 図中の位置 O, A, B, C, D のうち，媒質の速度が y 軸の負の向きに最大である位置をすべて挙げるとどうなるか。正しいものを，次の①〜⑤の中から一つ選びなさい。

10

① A ② B ③ C ④ A, C ⑤ O, D

B 移動する物体に向けて超音波を発し，物体から反射して戻ってくる超音波の振動数を測定することにより，移動する物体の速さを求める装置がある。静止した装置に向かって速さ v で近づいてくる物体がある。装置がこの物体に向けて振動数 f_0 の超音波を発し，物体から反射して戻ってきた超音波の振動数を測定したところ，その振動数は f であった。超音波の速さを V とする。

問2　v はどのように表されるか。正しいものを，次の①〜⑥の中から一つ選びなさい。 $\boxed{11}$

① $\dfrac{f-f_0}{f}V$ 　　　　② $\dfrac{f_0-f}{f}V$

③ $\dfrac{f-f_0}{f_0}V$ 　　　　④ $\dfrac{f_0-f}{f_0}V$

⑤ $\dfrac{f-f_0}{f+f_0}V$ 　　　⑥ $\dfrac{f_0-f}{f+f_0}V$

C 次の図のように，空気中で，一辺が300 mmの平面ガラス2枚を重ね，片側に0.030 mm のすきまを開け，波長600 nm（6.0×10^{-7} m）の単色光を真上から当てたところ，真上から見たときに明線と暗線の縞模様が見えた。空気の屈折率を1.0とする。

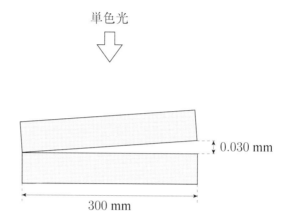

問3 暗線の間隔は何mmになるか。最も適当な値を，次の①〜⑥の中から一つ選びなさい。　　　　　　　　　　　　　　　　　　　　　　　　　　　　　$\boxed{12}$ mm

① 1.0　　　　② 2.0　　　　③ 3.0

④ 4.0　　　　⑤ 5.0　　　　⑥ 6.0

IV 次の問い A（問1），B（問2），C（問3），D（問4），E（問5），F（問6）に答えなさい。

A 同じ長さの軽い絶縁性の糸2本の端を，水平方向に $3a$ だけ離して天井に固定し，他端に同じ質量の小球AとBをつけてつり下げた。図1のように，Aに電気量 q（> 0）の電荷を与え，Bに電気量 $-q$ の電荷を与えたところ，AとBは間隔 a だけ離れた位置で静止した。次に，図2のように，Aに電気量 Q（> 0）の電荷を与え，Bにも電気量 Q の電荷を与えたところ，AとBは間隔 $5a$ だけ離れた位置で静止した。

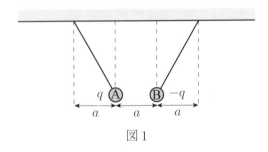

図1

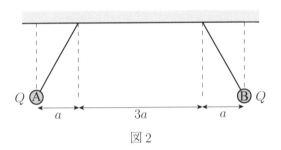

図2

問1 $\dfrac{Q}{q}$ はいくらか。正しいものを，次の①〜⑥の中から一つ選びなさい。 13

① $\sqrt{3}$ ② $\sqrt{5}$ ③ 3   ④ 5   ⑤ 9   ⑥ 25

B 次の図に示すように，xy 平面上の原点 O を中心として対称な位置の 2 点 $(-d, 0)$，$(d, 0)$ に，電気量 Q (> 0) の点電荷がそれぞれ固定されている。この面内で電気量 q (> 0) の点電荷 P を，図中の経路 (a), (b), (c) に沿って矢印の向きに始点から終点まで移動させる。

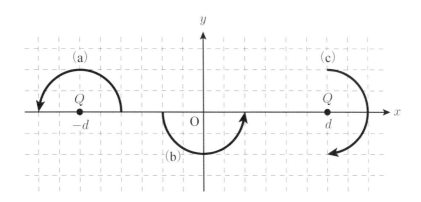

問2 始点から終点までの移動で，P にはたらく静電気力がする仕事が 0 となる移動をすべて挙げるとどうなるか。正しいものを，次の①〜⑦の中から一つ選びなさい。　14

① (a)　　　　　② (b)　　　　　③ (c)

④ (a), (b)　　　⑤ (a), (c)　　　⑥ (b), (c)

⑦ (a), (b), (c)

C 次の図のように，平行板コンデンサー，電池，抵抗，スイッチSを接続した。最初，Sを閉じ，コンデンサーを充電する。次に，Sを開いた後，コンデンサーの極板の間隔を2倍にする。この状態でコンデンサーに蓄えられている静電エネルギーを U_1 とする。次に，極板の間隔を2倍に保ったまま，Sを閉じ，コンデンサーを充電する。この状態でコンデンサーに蓄えられている静電エネルギーを U_2 とする。

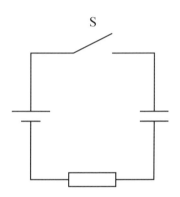

問3　$\dfrac{U_2}{U_1}$ はいくらか。最も適当なものを，次の①〜⑤の中から一つ選びなさい。　15

　① $\dfrac{1}{4}$　　　② $\dfrac{1}{2}$　　　③ 1　　　④ 2　　　⑤ 4

D 次の図のように,抵抗値 R_1, R_2, R_3, R_4 の4つの抵抗と起電力 E の電池を接続した。図中の端子Bを基準とした端子Aの電位を V とする。ただし,電池の内部抵抗は無視できるものとする。

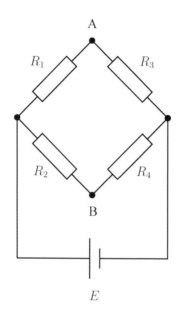

問4 $\dfrac{V}{E}$ はどのように表されるか。正しいものを,次の①〜④の中から一つ選びなさい。

16

① $\dfrac{R_1R_3 - R_2R_4}{(R_1+R_2)(R_3+R_4)}$

② $\dfrac{R_2R_4 - R_1R_3}{(R_1+R_2)(R_3+R_4)}$

③ $\dfrac{R_1R_4 - R_2R_3}{(R_1+R_3)(R_2+R_4)}$

④ $\dfrac{R_2R_3 - R_1R_4}{(R_1+R_3)(R_2+R_4)}$

E 図1のように，じゅうぶんに長い3本の直線導線が紙面内のxy平面上の点A$(a, 0)$，B$(0, a)$，C$(-2a, 0)$を紙面に垂直に通っている（$a > 0$）。最初，図2のように，Aを通る導線だけに紙面の裏から表に向かう向きに大きさIの電流を流したところ，原点Oでの磁場の大きさはH_0であった。次に，図3のように，3本の導線すべてに紙面の裏から表に向かう向きに大きさIの電流を流したところ，Oでの磁場の大きさはH_1であった。

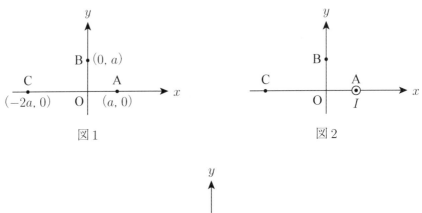

図1　　　　図2

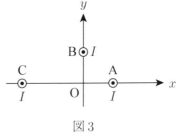

図3

問5　$\dfrac{H_1}{H_0}$ はいくらか。正しいものを，次の①〜⑥の中から一つ選びなさい。　17

① $\dfrac{1}{2}$　　② $\dfrac{\sqrt{3}}{2}$　　③ 1　　④ $\dfrac{\sqrt{5}}{2}$　　⑤ $\dfrac{\sqrt{6}}{2}$　　⑥ 2

F 次の図のように，じゅうぶんに長い3本の直線導線 L_1，L_2，L_3 が同一平面内に等しい間隔 a で平行に置かれている。L_1，L_2 には上向きの同じ大きさの電流が流れている。L_3 にもある向きにある大きさの電流が流れている。このとき，L_1 には単位長さあたり大きさ F の力が右向きにはたらき，L_2 には単位長さあたり大きさ $2F$ の力が左向きにはたらいていた。ここで，上向き，下向き，右向き，左向きは，図中の4つの矢印でそれぞれ示した向きである。

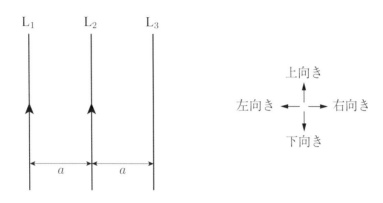

問6 L_3 に流れる電流の向き，L_3 にはたらく力の向き，L_3 にはたらく単位長さあたりの力の大きさはどうなるか。正しい組み合わせを，次の①～⑧の中から一つ選びなさい。

18

	電流の向き	力の向き	単位長さあたりの力の大きさ
①	上向き	右向き	F
②	上向き	右向き	$3F$
③	上向き	左向き	F
④	上向き	左向き	$3F$
⑤	下向き	右向き	F
⑥	下向き	右向き	$3F$
⑦	下向き	左向き	F
⑧	下向き	左向き	$3F$

V

次の問い **A**（問1）に答えなさい。

A 質量数 A，原子番号 Z の原子核 X を ^A_ZX と表す。不安定な原子核 $^{230}_{90}\text{Th}$ が，α 崩壊を a 回，β 崩壊を b 回起こして，安定な原子核 $^{206}_{82}\text{Pb}$ になった。

問1　a と b の値の組 (a, b) として正しいものを，次の①〜⑥の中から一つ選びなさい。　　19

① (5, 3)　　　② (5, 4)　　　③ (5, 5)

④ (6, 3)　　　⑤ (6, 4)　　　⑥ (6, 5)

物理の問題はこれで終わりです。解答欄の 20 ～ 75 はマークしないでください。
解答用紙の科目欄に「物理」が正しくマークしてあるか，もう一度確かめてください。

この問題冊子を持ち帰ることはできません。

化学

「解答科目」記入方法

解答科目には「物理」,「化学」,「生物」がありますので,この中から2科目を選んで解答してください。選んだ2科目のうち,1科目を解答用紙の表面に解答し,もう1科目を裏面に解答してください。

「化学」を解答する場合は,右のように,解答用紙にある「解答科目」の「化学」を○で囲み,その下のマーク欄をマークしてください。

科目が正しくマークされていないと,採点されません。

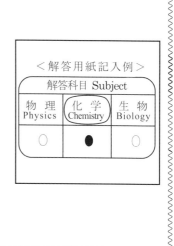

計算には次の数値を用いること。また,体積の単位リットル(liter)はLで表す。

標準状態(standard state): 0 ℃,1.01×10^5 Pa(= 1.00 atm)

　標準状態における理想気体(ideal gas)のモル体積(molar volume): 22.4 L/mol

気体定数(gas constant): $R = 8.31 \times 10^3$ Pa・L/(K・mol)

アボガドロ定数(Avogadro constant): $N_A = 6.02 \times 10^{23}$ /mol

ファラデー定数(Faraday constant): $F = 9.65 \times 10^4$ C/mol

原子量(atomic weight): H:1.0　C:12　N:14　O:16
　　　　　　　　　　　　　Mg:24　S:32　Pb:207

この試験における元素(element)の族(group)と周期(period)の関係は下の周期表(periodic table)の通りである。ただし,H以外の元素記号は省略してある。

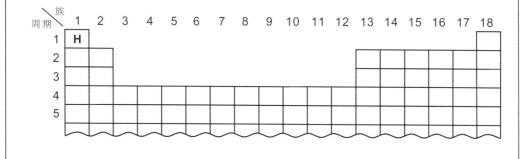

問1 次の図は，原子（atom）Xと原子Yの電子配置（electron configuration）を示している。

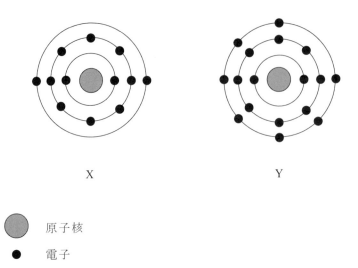

X　　　　　　　　Y

● 原子核
● 電子

Xが安定なイオン（ion）になるときのイオン式（ion formula）と，XとYがイオン結合（ionic bond）してできる化合物の組成式（compositional formula）の組み合わせとして正しいものを，次表の①〜⑥の中から一つ選びなさい。 1

	イオン式	組成式
①	X^{2+}	XY
②	X^{2+}	XY_2
③	X^{2+}	X_2Y
④	X^{2-}	YX
⑤	X^{2-}	Y_2X
⑥	X^{2-}	YX_2

問2　化学結合（chemical bond）に関する次の記述①～⑤のうち，下線部が**誤っているもの**を一つ選びなさい。　　　　　　　　　　　　　　　　　　　　　　2

① 金属の鉄 Fe では，鉄の原子（atom）が金属結合（metallic bond）で互いに結びついている。

② 氷では，水 H_2O の分子が水素結合（hydrogen bond）で互いに結びついている。

③ ドライアイス（dry ice）では，二酸化炭素 CO_2 の分子が共有結合（covalent bond）で互いに結びついている。

④ アンモニウムイオン NH_4^+ は，アンモニア NH_3 の分子が水素イオン H^+ と配位結合（coordinate bond）したものである。

⑤ 塩化ナトリウム NaCl では，ナトリウムイオン Na^+ と塩化物イオン Cl^- がイオン結合（ionic bond）で互いに結びついている。

問3　次の分子の組み合わせ①～⑤のうち，両方とも極性分子（polar molecule）であるものを，一つ選びなさい。　　　　　　　　　　　　　　　　　　　　　　　3

① CH_4，CCl_4　　② H_2O，CO_2　　③ N_2，NH_3　　④ HCl，CH_3Cl　　⑤ F_2，Cl_2

問 4　窒素 N_2 と水素 H_2 の混合気体があり，その平均分子量（average molecular weight）は 8.5 である。この混合気体の窒素と水素の物質量（amount of substance ; mol）の比（$N_2 : H_2$）として最も近い値を，次の①〜⑤の中から一つ選びなさい。　**4**

　　①　1 : 1　　②　1 : 2　　③　1 : 3　　④　1 : 4　　⑤　1 : 5

問 5　標準状態において 1.0 L のプロパン C_3H_8 と 10.0 L の酸素 O_2 を密閉容器（airtight container）に入れ，プロパンをすべて完全燃焼（complete combustion）させた。反応で生成した水を除いた後，温度と圧力を標準状態にもどすと，気体の体積は何 L になるか。最も近い値を，次の①〜⑥の中から一つ選びなさい。　**5** L

　　① 3.0　　② 4.0　　③ 5.0　　④ 6.0　　⑤ 7.0　　⑥ 8.0

問6 次の図は，銅 Cu の結晶構造（crystal structure）を示している。

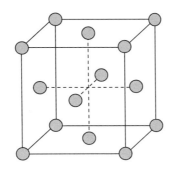

この結晶（crystal）に関する次の記述(a)〜(d)のうち，正しいものが二つある。それらの組み合わせを，下の①〜⑥の中から一つ選びなさい。 6

(a) この結晶構造は，最密充塡構造（close-packed structure）の一つである。
(b) 単位格子（unit cell）の中に含まれる原子（atom）の数は14個である。
(c) 銅の原子半径を r とすると，単位格子の一辺は $2\sqrt{2}\,r$ と表される。
(d) ある原子について，最短距離にある原子の数は 8 である。

① a, b   ② a, c   ③ a, d   ④ b, c   ⑤ b, d   ⑥ c, d

問7 次の化合物①〜⑥の 0.01 mol/L 水溶液のうち，pH が最も小さいものを一つ選びなさい。 7

① H_2S ② HNO_3 ③ $(COOH)_2$ ④ CH_3COOH ⑤ H_3PO_4 ⑥ H_2SO_4

問8 鉛蓄電池（lead storage battery）を放電（discharge）し，0.4 mol の電子（electron）が流れた。このときの正極（cathode）の質量（mass）の変化として正しいものを，次の①〜⑥の中から一つ選びなさい。　　8

① 12.8 g 増加した
② 19.2 g 増加した
③ 25.6 g 増加した
④ 12.8 g 減少した
⑤ 19.2 g 減少した
⑥ 25.6 g 減少した

問9 気体の四酸化二窒素 N_2O_4 の生成熱（heat of formation）を Q_1 kJ/mol，気体の二酸化窒素 NO_2 の生成熱を Q_2 kJ/mol とする。次の熱化学方程式（thermochemical equation）の Q の値を表す式として正しいものを，下の①〜⑥の中から一つ選びなさい。　　9

$$N_2O_4(気) = 2\,NO_2(気) + Q\ \text{kJ}$$

① $Q = Q_1 + Q_2$　　② $Q = Q_1 - Q_2$　　③ $Q = -Q_1 + Q_2$
④ $Q = Q_1 + 2Q_2$　　⑤ $Q = Q_1 - 2Q_2$　　⑥ $Q = -Q_1 + 2Q_2$

問 10 ある一定温度のもと，10 L の容器に 1.0 mol の四酸化二窒素 N_2O_4 を入れたところ，圧力は 1.0×10^5 Pa であった。温度を保ったまま放置すると二酸化窒素 NO_2 が生成し，次式の平衡状態（equilibrium state）に達し，全圧（total pressure）は 1.1×10^5 Pa となった。

$$N_2O_4 \rightleftarrows 2NO_2$$

この温度における濃度平衡定数（concentration equilibrium constant）として最も近い値を，次の①～⑥の中から一つ選びなさい。ただし，容器内の物質はすべて理想気体とする。　|10|　mol/L

① 0.0011　② 0.0022　③ 0.0044　④ 0.011　⑤ 0.022　⑥ 0.044

問 11 次の金属①～⑤のうち，水酸化ナトリウム水溶液 NaOH aq に溶け，濃硝酸 conc. HNO_3 には溶けないものを，一つ選びなさい。　|11|

① Ag　② Al　③ Fe　④ Zn　⑤ Pb

問 12　次表の **A** 欄に示す酸性酸化物（acidic oxide）の中に，じゅうぶんな量の水と反応させたとき **B** 欄に示す酸（acid）が得られるものが二つある。それらの組み合わせとして正しいものを，下の①〜⑥の中から一つ選びなさい。　12

	A	B
a	二酸化窒素　NO_2	硝酸　HNO_3
b	十酸化四リン　P_4O_{10}	リン酸　H_3PO_4
c	二酸化硫黄　SO_2	硫酸　H_2SO_4
d	七酸化二塩素　Cl_2O_7	塩酸　HCl

①　a, b　　②　a, c　　③　a, d　　④　b, c　　⑤　b, d　　⑥　c, d

問 13 次の反応(a)〜(e)のうち，下線部の物質が酸化（oxidation）されているものが二つある。それらの組み合わせを，下の①〜⑦の中から一つ選びなさい。　13

(a)　2$\underline{Cu}$　+　O_2　⟶　2CuO

(b)　2$\underline{CuO}$　+　C　⟶　2Cu　+　CO_2

(c)　2H_2　+　$\underline{O_2}$　⟶　2H_2O

(d)　2$\underline{Al}$　+　6HCl　⟶　2$AlCl_3$　+　3H_2

(e)　3Cu　+　8$\underline{HNO_3}$　⟶　3$Cu(NO_3)_2$　+　4H_2O　+　2NO

① a, b　② a, d　③ a, e　④ b, d　⑤ b, e　⑥ c, d　⑦ d, e

問 14 不純物を含むマグネシウム Mg の粉末がある。この粉末 3.0 g に希塩酸 dil. HCl を加えてマグネシウムをすべて溶かしたところ，0.10 mol の水素 H_2 が発生した。このマグネシウムの純度（purity）は，質量パーセント（mass percent）で何%か。最も近い値を，次の①～⑤の中から一つ選びなさい。ただし，不純物は希塩酸と反応しないものとする。 14 %

① 20　　② 40　　③ 50　　④ 80　　⑤ 96

問 15 次に示す表の **A** 欄には陰イオン（anion）を，**B** 欄にはそれを沈殿（precipitate）として検出するのに用いる試薬（reagent）を示している。このうち，**B** 欄の試薬が<u>誤っているもの</u>を，①～⑤の中から一つ選びなさい。 15

	A	B
①	Cl^-	$AgNO_3$
②	SO_4^{2-}	$Mg(NO_3)_2$
③	CO_3^{2-}	$Ba(NO_3)_2$
④	CrO_4^{2-}	$Pb(NO_3)_2$
⑤	$[Fe(CN)_6]^{4-}$	$FeCl_3$

問16 ある炭化水素（hydrocarbon）29 mg を完全燃焼（complete combustion）させたところ，二酸化炭素 CO_2 が 88 mg 得られた。この炭化水素の分子式（molecular formula）として正しいものを，次の①～⑥の中から一つ選びなさい。 16

① C_2H_5 ② C_2H_6 ③ C_3H_6 ④ C_3H_7 ⑤ C_4H_{10} ⑥ C_4H_{12}

問17 分子式（molecular formula）$C_4H_{10}O$ で表される脂肪族化合物（aliphatic compound）のうち，金属ナトリウム Na と反応して水素 H_2 を発生するものの数を，次の①～⑦の中から一つ選びなさい。ただし，立体異性体（stereoisomer）がある場合はそれらを別々に数えるものとする。 17

① 1　② 2　③ 3　④ 4　⑤ 5　⑥ 6　⑦ 7

問 18 次表の A 欄に示す二つの化合物を，B 欄の試薬（reagent）を用いて区別したい。B 欄の試薬が**誤っているもの**を，①～④の中から一つ選びなさい。　18

	A	B
①	ニトロベンゼン（nitrobenzene），アニリン（aniline）	さらし粉水溶液 CaCl(ClO) aq
②	フェノール（phenol），トルエン（toluene）	水酸化ナトリウム水溶液 NaOH aq
③	サリチル酸（salicylic acid），アセチルサリチル酸（acetylsalicylic acid）	炭酸水素ナトリウム水溶液 $NaHCO_3$ aq
④	安息香酸（benzoic acid），サリチル酸メチル（methyl salicylate）	塩化鉄(Ⅲ)水溶液 $FeCl_3$ aq

問 19 次の高分子化合物（polymer compound）(a)～(d)のうち，縮合重合（condensation polymerization）により生成するものが二つある。それらの組み合わせとして正しいものを，下の①～⑥の中から一つ選びなさい。　19

(a) ポリエチレンテレフタラート（poly(ethylene terephthalate)）

(b) ポリ酢酸ビニル（poly(vinyl acetate)）

(c) ポリメタクリル酸メチル（poly(methyl methacrylate)）

(d) ナイロン 66（nylon 6,6）

① a, b　② a, c　③ a, d　④ b, c　⑤ b, d　⑥ c, d

問 20　卵の白身部分のタンパク質（protein）に関する次の記述①〜⑤のうち，下線部が誤っているものを一つ選びなさい。　　　20

① うすい食塩水に溶ける。

② 加熱すると固まる。

③ 塩酸 HCl aq に加えると変性（denaturation）する。

④ 水酸化ナトリウム水溶液 NaOH aq と硫酸銅(Ⅱ)水溶液 CuSO₄ aq を加えると赤紫色（reddish purple）になる。

⑤ ニンヒドリン水溶液（ninhydrin solution）を加えて加熱すると黄色になる。

生物

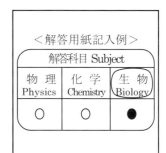

問1　核酸（nucleic acid）について述べた次の文①〜⑤の中から，正しいものを一つ選びなさい。

1

① DNAとRNAの塩基（base）は，どちらもアデニン（adenine），グアニン（guanine），シトシン（cytosine），チミン（thymine）の4種類である。

② DNAの塩基は，アデニン，グアニン，シトシン，ウラシル（uracil）の4種類である。

③ DNAとRNAの糖（sugar）は，どちらもリボース（ribose）である。

④ mRNAの塩基配列（base sequence）は，鋳型（template）となったDNAの塩基配列と同じである。

⑤ tRNAは，タンパク質合成の際にリボソーム（ribosome）にアミノ酸（amino acid）を運ぶ。

問2　カタラーゼ（catalase）は動植物の細胞質（cytoplasm）に含まれる酵素（enzyme）である。

カタラーゼと酸化マンガン（Ⅳ）〔manganese (Ⅳ) oxide〕の触媒（catalysis）作用を調べるため，8本の試験管 A〜H に次の表に示すような組み合わせで物質を入れ，37℃で気泡発生の様子を観察した。試験管 A〜H の中で，気泡がみられる試験管はどれか。また，発生する気体は何か。正しい組み合わせを，下の①〜⑧の中から一つ選びなさい。　2

試験管	A	B	C	D	E	F	G	H
3%過酸化水素水	3mL	-	3mL	-	3mL	-	3mL	-
蒸留水	-	3mL	-	3mL	-	3mL	-	3mL
生の肝臓片	0.1g	0.1g	-	-	-	-	-	-
煮沸した肝臓片	-	-	0.1g	0.1g	-	-	-	-
酸化マンガン（Ⅳ）	-	-	-	-	0.1g	0.1g	-	-
煮沸した酸化マンガン（Ⅳ）	-	-	-	-	-	-	0.1g	0.1g

過酸化水素水（hydrogen peroxide solution），蒸留水（distilled water），肝臓（liver）

	気泡がみられる試験管	発生する気体
①	A, B, E, F	酸素（O_2）
②	A, B, E, F	水素（H_2）
③	B, D, F, H	酸素（O_2）
④	B, D, F, H	水素（H_2）
⑤	A, E, G	酸素（O_2）
⑥	A, E, G	水素（H_2）
⑦	C, E, G	酸素（O_2）
⑧	C, E, G	水素（H_2）

問3　細胞周期（cell cycle）の分裂期（mitotic phase）の細胞は，前期（prophase），中期（metaphase），後期（anaphase），終期（telophase）の四つの時期に分けることができる。

次の写真は，タマネギ（onion）の根端部の体細胞分裂（somatic cell division）の様子を示したもので，A〜Dは分裂時期の異なる細胞である。前期，中期，後期にあたる細胞は，それぞれどれか。正しい組み合わせを，下の①〜⑧の中から一つ選びなさい。　3

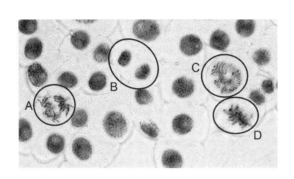

	前期	中期	後期
①	A	C	D
②	A	D	B
③	B	A	C
④	B	D	C
⑤	C	A	D
⑥	C	D	A
⑦	D	A	B
⑧	D	C	A

問4 窒素(N)には通常の¹⁴Nのほかに，比重の重い同位体(isotope)である¹⁵Nが存在する。DNAにどちらの同位体が含まれているかは，細胞から抽出したDNAを遠心分離(centrifugation)した際のバンド(band)の位置によって知ることができる。

大腸菌(*Escherichia coli*)を，¹⁴Nのみを含む培地(medium)，¹⁵Nのみを含む培地で長期間培養(culture)すると，細胞から抽出したDNAのバンドは次の図のa，bのようになった。

¹⁵Nのみを含む培地で培養した大腸菌を，¹⁴Nのみを含む培地に移して1回目と2回目の分裂直後の細胞のDNAのバンドを調べたところ，c，dのようになった。大腸菌DNAを下のモデル図x〜zで示したとき，1回目と2回目の分裂直後の大腸菌には，どのモデル図のDNAが含まれるか。正しい組み合わせを次ページの①〜⑥の中から一つ選びなさい。　4

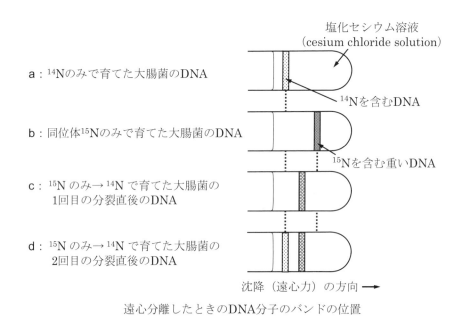

遠心分離したときのDNA分子のバンドの位置

DNAのモデル図

	1回目の分裂直後のDNA	2回目の分裂直後のDNA
①	x	x, y
②	x	y, z
③	y	x, y
④	y	x, z
⑤	z	x, z
⑥	z	y, z

問5 次の文 a～d のうち，真核細胞（eukaryotic cell）のスプライシング（splicing）について述べた文として正しいものの組み合わせを，下の①～④の中から一つ選びなさい。　5

a　スプライシングは，核（nucleus）でおこなわれる。

b　スプライシングは，細胞質基質（cytoplasmic matrix）でおこなわれる。

c　mRNA 前駆体〔precursor mRNA, 転写（transcription）直後の RNA〕からエキソン（exon）に対応する部分が除かれて，mRNA がつくられる。

d　mRNA 前駆体からイントロン（intron）に対応する部分が除かれて，mRNA がつくられる。

① a, c　　② a, d　　③ b, c　　④ b, d

問6 次の文を読み，下の文の空欄 a ～ c にあてはまるものの正しい組み合わせを，下の①～⑧の中から一つ選びなさい。 6

大腸菌（*Escherichia coli*）は，培地（medium）中にグルコース（glucose）がなく，ラクトース（lactose）があるときにはラクターゼ（lactase）などの酵素（enzyme）をつくり，培地中にラクトースがないときにはラクターゼなどの酵素をつくらない。

次の図は，大腸菌のラクターゼなどの酵素の遺伝子群と，その発現調節に関わる DNA 上の領域を模式的に示したものである。

培地にグルコースがなくラクトースがあるときは，大腸菌内でラクトースの代謝産物（metabolite）が調節タンパク質（regulatory protein， a ）に結合して，その立体構造（conformation）を変化させる。そのため，調節タンパク質は b 領域に結合できなくなり， c による転写（transcription）の阻害（inhibition）が解除される。

	a	b	c
①	ヒストン	オペレーター	DNA ポリメラーゼ
②	ヒストン	オペレーター	RNA ポリメラーゼ
③	ヒストン	プロモーター	DNA ポリメラーゼ
④	ヒストン	プロモーター	RNA ポリメラーゼ
⑤	リプレッサー	オペレーター	DNA ポリメラーゼ
⑥	リプレッサー	オペレーター	RNA ポリメラーゼ
⑦	リプレッサー	プロモーター	DNA ポリメラーゼ
⑧	リプレッサー	プロモーター	RNA ポリメラーゼ

ヒストン（histone），リプレッサー（repressor），
DNA ポリメラーゼ（DNA polymerase），RNA ポリメラーゼ（RNA polymerase）

問7　減数分裂（meiosis）は，第一分裂と第二分裂の2回の分裂からなる。減数分裂の過程における母細胞（mother cell），第一分裂前期（prophase I），第二分裂前期（prophase II），娘細胞（daughter cell）の核相（nuclear phase）はそれぞれ n か $2n$ のどちらか。正しい組み合わせを，次の①～⑥の中から一つ選びなさい。　7

	母細胞	第一分裂前期	第二分裂前期	娘細胞
①	$2n$	$2n$	$2n$	n
②	$2n$	$2n$	n	n
③	$2n$	n	n	n
④	n	$2n$	$2n$	$2n$
⑤	n	n	$2n$	$2n$
⑥	n	n	n	$2n$

問8　配偶子形成（gametogenesis）と遺伝子に関して述べた次の文①～⑤の中から，**誤っているもの**を一つ選びなさい。　8

① 同一の染色体（chromosome）上に存在する遺伝子は，連鎖（linkage）しているという。

② 連鎖していない遺伝子は，互いに独立して遺伝する。

③ 染色体の乗換え（crossing over）がおきる時期は，第二分裂中期（metaphase II）である。

④ 遺伝子の組換え（recombination）がおこることによって，配偶子（gamete）のもつ遺伝子の組み合わせが多様になる。

⑤ 減数分裂（meiosis）によって，親の染色体をさまざまな組み合わせで受けつぐ配偶子ができる。このことが，遺伝的多様性（genetic diversity）を生じるしくみの一つである。

問 9 被子植物（angiosperms）の配偶子形成（gametogenesis）について述べた次の文①〜④の中から，**誤っているもの**を一つ選びなさい。 9

① 花粉母細胞（pollen mother cell）は減数分裂（meiosis）により，4個の細胞からなる花粉四分子（pollen tetrad）となる。

② 胚のう母細胞（embryo sac mother cell）は減数分裂により，4個の細胞を生じるが，そのうち三つは退化し，残りの一つを卵細胞（egg cell）という。

③ 一つの花粉（pollen）にみられる花粉管細胞（pollen tube cell）と雄原細胞（generative cell）の核（nucleus）のゲノム（genome）は等しい。

④ 一つの胚のう（embryo sac）内に存在する反足細胞（antipodal cell）の核，助細胞（synergid）の核，卵細胞の核，中央細胞（central cell）の極核（polar nucleus）のゲノムは等しい。

問 10 次の文は，血液凝固（blood coagulation）について述べたものである。文中の空欄 a 〜 c にあてはまる語句の正しい組み合わせを，下の①〜⑧の中から一つ選びなさい。 10

採血した血液を試験管に入れてしばらく放置すると，血液はやがて凝固し， a を形成する。 a は，血球（blood cell）などの有形成分が b と呼ばれる繊維状のタンパク質にからめとられ沈殿したものである。このときやや黄みがかった上澄みは， c と呼ばれる。

	a	b	c
①	血小板（platelet）	グロブリン（globulin）	血しょう（blood plasma）
②	血小板	グロブリン	血清（serum）
③	血小板	フィブリン（fibrin）	血しょう
④	血小板	フィブリン	血清
⑤	血ぺい（blood clot）	グロブリン	血しょう
⑥	血ぺい	グロブリン	血清
⑦	血ぺい	フィブリン	血しょう
⑧	血ぺい	フィブリン	血清

問11 次の図は，副腎（adrenal gland）が関係する血糖量（blood glucose level）を増加させるしくみについての模式図である。図中の A，B のホルモン（hormone）の組み合わせとして正しいものを，下の①～⑥の中から一つ選びなさい。 11

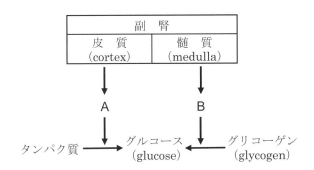

	A	B
①	グルカゴン（glucagon）	アドレナリン（adrenaline）
②	グルカゴン	糖質コルチコイド（glucocorticoid）
③	アドレナリン	グルカゴン
④	アドレナリン	糖質コルチコイド
⑤	糖質コルチコイド	アドレナリン
⑥	糖質コルチコイド	グルカゴン

問12 次の文①～⑤は，免疫（immunity）ではたらいている B 細胞と T 細胞について述べたものである。このうち，B 細胞と T 細胞の両方にあてはまる文を，一つ選びなさい。 12

① 活性化（activation）された細胞の一部が免疫記憶細胞（memory cell）として残る。

② 活性化された細胞が抗体産生細胞〔antibody-forming cell，形質細胞（plasma cell）〕に分化（differentiation）する。

③ 元になる細胞は骨髄（bone marrow）でつくられ，胸腺（thymus）で成熟する。

④ 樹状細胞（dendritic cell）から抗原提示（antigen presentation）を直接受けて活性化される。

⑤ ヒト免疫不全ウイルス（human immunodeficiency virus，HIV）の感染（infection）対象となる。

問13 ヒトの目を明るい環境に慣らした後，急に部屋を暗くして，暗順応（dark adaptation）を調べる実験をおこなった。次のグラフは，暗所中での時間と，感知できる最小限の光の強さの関係を示したものである。

図の曲線 A，B が示す状態で主にはたらく細胞の組み合わせとして最も適当なものを，下の①〜⑥の中から一つ選びなさい。　13

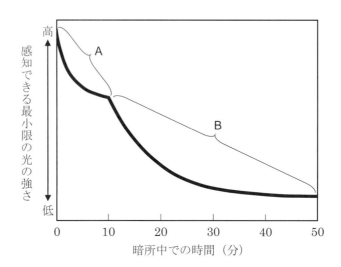

	曲線 A	曲線 B
①	かん体細胞（rod cell）	錐体細胞（cone cell）
②	かん体細胞	グリア細胞（glia cell）
③	錐体細胞	かん体細胞
④	錐体細胞	グリア細胞
⑤	グリア細胞	かん体細胞
⑥	グリア細胞	錐体細胞

問14 次の図は，オオムギ（barley）の種子の断面を模式的に示したものである。図中の矢印は，種子が吸水して発芽（germination）するときの物質の動きを表している。図のA〜Cの物質の名称として最も適当な組み合わせを，下の①〜⑥の中から一つ選びなさい。 14

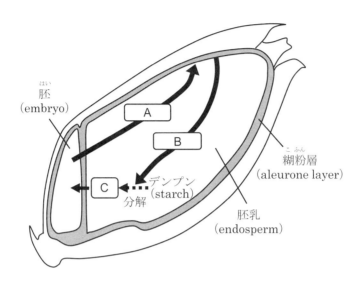

	A	B	C
①	ジベレリン（gibberellin）	アミラーゼ（amylase）	糖（sugar）
②	ジベレリン	糖	アミラーゼ
③	アミラーゼ	糖	ジベレリン
④	アミラーゼ	ジベレリン	糖
⑤	糖	アミラーゼ	ジベレリン
⑥	糖	ジベレリン	アミラーゼ

問15 次の文は，気孔（stoma）が開閉するしくみと光との関係について述べたものである。また，下の図は気孔周辺の構造の模式図である。図を参考にして，文中の空欄 a ～ c にあてはまる語句の組み合わせとして最も適当なものを，下の①～⑧の中から一つ選びなさい。

15

孔辺細胞（guard cell）中の光受容体（photoreceptor）が a を吸収すると，孔辺細胞内の浸透圧（osmotic pressure）が b なる。そのため孔辺細胞が吸水して，膨圧（turgor pressure）が c なり，細胞が変形して気孔が開く。

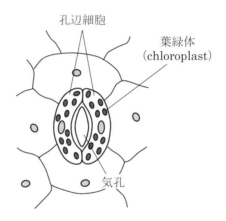

	a	b	c
①	青色光	高く	高く
②	青色光	高く	低く
③	青色光	低く	高く
④	青色光	低く	低く
⑤	赤色光	高く	高く
⑥	赤色光	高く	低く
⑦	赤色光	低く	高く
⑧	赤色光	低く	低く

問16 次の図は，生態系（ecosystem）における各栄養段階（trophic level）の有機物（organic matter）の収支を模式的に示したものである。

図のA～Cはそれぞれ何を示しているか。正しい組み合わせを下の①～⑥の中から一つ選びなさい。 16

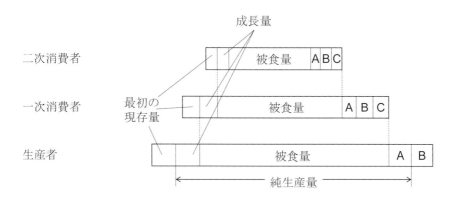

成長量（growth），二次消費者（secondary consumer），被食量（feeding），
一次消費者（primary consumer），現存量（standing stock），生産者（producer），
純生産量（net primary production）

	A	B	C
①	呼吸量（respiration）	死亡量・枯死量（death・dead plant tissue）	不消化排出量（excretion）
②	呼吸量	不消化排出量	死亡量・枯死量
③	死亡量・枯死量	呼吸量	不消化排出量
④	死亡量・枯死量	不消化排出量	呼吸量
⑤	不消化排出量	呼吸量	死亡量・枯死量
⑥	不消化排出量	死亡量・枯死量	呼吸量

問17 次の文a〜eは，真核細胞（eukaryotic cell）の細胞小器官（organelle）について述べたものである。このうち，細胞内共生説（endosymbiotic theory）の根拠に関わる文として最も適当なものを二つ選び，その組み合わせを下の①〜⑥の中から一つ選びなさい。 17

a 葉緑体（chloroplast）は，内膜（inner membrane）と外膜（outer membrane）の二重の膜をもっている。

b 小胞体（endoplasmic reticulum）には，リボソーム（ribosome）が付着した粗面小胞体（rough endoplasmic reticulum）と，付着していない滑面小胞体（smooth endoplasmic reticulum）がある。

c ゴルジ体（Golgi body）は一重の膜でできており，平らな袋状のものが重なった構造をもつ。

d 液胞（vacuole）は植物細胞で発達しており，内部に色素（pigment）を含むものがある。

e ミトコンドリア（mitochondria）は，核（nucleus）とは異なる独自のDNAをもつ。

① a, b ② a, e ③ b, c ④ b, e ⑤ c, d ⑥ d, e

問18 生物の進化（evolution）に関する次の文①〜⑤の中から，**誤っているもの**を一つ選びなさい。 18

① シアノバクテリア（cyanobacteria）は先カンブリア時代（Precambrian）に出現した。
② は虫類（reptiles）は中生代（Mesozoic era）に繁栄した。
③ 植物の陸上進出は古生代（Paleozoic era）からみられるようになった。
④ 裸子植物（gymnosperms）は中生代に繁栄した。
⑤ 鳥類（birds）は新生代（Cenozoic era）に出現した。

生物の問題はこれで終わりです。解答欄の 19 ～ 75 はマークしないでください。
解答用紙の科目欄に「生物」が正しくマークしてあるか，もう一度確かめてください。

この問題冊子を持ち帰ることはできません。

平成29年度（2017年度）日本留学試験

総合科目

（80分）

I 試験全体に関する注意
1. 係員の許可なしに，部屋の外に出ることはできません。
2. この問題冊子を持ち帰ることはできません。

II 問題冊子に関する注意
1. 試験開始の合図があるまで，この問題冊子の中を見ないでください。
2. 試験開始の合図があったら，下の欄に，受験番号と名前を，受験票と同じように記入してください。
3. この問題冊子は，20ページあります。
4. 足りないページがあったら，手をあげて知らせてください。
5. 問題冊子には，メモや計算などを書いてもいいです。

III 解答用紙に関する注意
1. 解答は，解答用紙に鉛筆（HB）で記入してください。
2. 各問題には，その解答を記入する行の番号 **1** , **2** , **3** ，…がついています。解答は，解答用紙（マークシート）の対応する解答欄にマークしてください。
3. 解答用紙に書いてある注意事項も必ず読んでください。

※ 試験開始の合図があったら，必ず受験番号と名前を記入してください。

受験番号		＊				＊					
名　　前											

問1 次の会話を読み，下の問い(1)～(4)に答えなさい。

先　生：ニュースで₁アメリカ合衆国（USA）の大統領についての報道を見ました。よし子さんも見ましたか。

よし子：はい。トランプ（Donald J. Trump）大統領の就任式についての特集番組なら，私も見ました。₂ワシントンD.C.（Washington, DC）の連邦議会議事堂前で宣誓する場面が印象的でした。

先　生：₃共和党の大統領候補であったトランプは，「アメリカ・ファースト（"America First"）」を掲げ，大統領選挙に勝利しました。

よし子：「アメリカ・ファースト」とは具体的にどのような政策になるのでしょうか。

先　生：自国経済の立て直し，特に雇用の改善に力を注ぐことになるでしょう。例えば，TPP（環太平洋経済連携協定）からの離脱や₄NAFTA（北米自由貿易協定）の再交渉などが挙げられます。どちらの協定も，アメリカの利益にはならないと判断しているようです。

(1) 下線部1に関して，次の文章中の空欄　a　，　b　に当てはまるものの組み合わせとして最も適当なものを，下の①～④の中から一つ選びなさい。　1

　アメリカ合衆国大統領の任期は　a　年で，三選は憲法によって禁止されている。同じように大統領制を採用しつつも，大統領が任命する首相が存在する半大統領制と呼ばれる制度を持つ国に　b　やロシア（Russia）がある。

	a	b
①	4	イギリス
②	4	フランス
③	5	イギリス
④	5	フランス

注）イギリス（UK），フランス（France）

(2) 下線部 2 に関して，ワシントンD.C.の位置として正しいものを，次の地図中の
①〜④の中から一つ選びなさい。　2

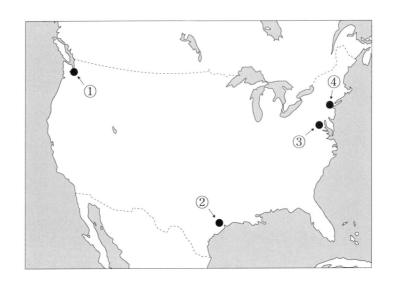

(3) 下線部 3 に関して，共和党出身の大統領と関係の深い出来事との組み合わせとして
正しいものを，次の①〜④の中から一つ選びなさい。　3

	大統領	出来事
①	アイゼンハワー	ニューディール政策の開始
②	ニクソン	ベトナム戦争の終結
③	レーガン	キューバ危機
④	クリントン	冷戦の終結

注）アイゼンハワー（Dwight D. Eisenhower），ニクソン（Richard M. Nixon），
　　ベトナム戦争（Vietnam War），レーガン（Ronald Reagan），
　　キューバ危機（Cuban Missile Crisis），クリントン（William J. Clinton）

⑷ 下線部 4 に関して，NAFTA締結後に生じたとされる変化として最も適当なものを，次の①〜④の中から一つ選びなさい。 ４

① NAFTA加盟国内では，共通の金融政策がとられるようになった。
② NAFTA加盟国間では，国境管理が撤廃された。
③ アメリカ合衆国からメキシコ（Mexico）への工場移転が増加した。
④ アメリカ合衆国では，カナダ（Canada）からの安い農産物の供給が滞るようになった。

問2 次の文章を読み，下の問い(1)〜(4)に答えなさい。

　大小200以上の島々からなる₁パラオ共和国（Republic of Palau）は，₂飛行機の直行便を利用すると日本から約4時間半と近く，また日本との間に時差がないため日本人に人気の観光地となっている。年間を通して気温が一定で過ごしやすく，ダイビングスポットとしても有名であることから，日本以外からも多くの観光客が訪れ，₃観光業はパラオの主要産業の一つとなっている。歴史的には，　a　の結果，国際連盟（League of Nations）によって日本の委任統治が認められ，そこに多くの日本人が移住したこともあり，日本との関わり合いが深い。

(1) 下線部1に関して，パラオ共和国の政治体制として正しいものを，次の①〜④の中から一つ選びなさい。 5

① 大統領制をとり，議会は二院制である。
② 大統領制をとり，議会は存在しない。
③ 立憲君主制をとり，議会は存在しない。
④ 立憲君主制をとり，議会は二院制である。

(2) 下線部 2 に関して，パラオを含む海域として正しいものを，次の地図中の①〜④の中から一つ選びなさい。　6

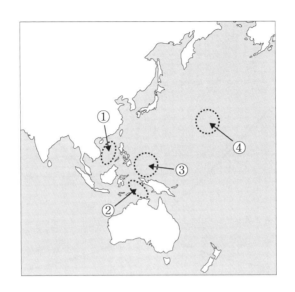

(3) 下線部 3 に関して，国際的な観光業に関する記述として最も適当なものを，次の①〜④の中から一つ選びなさい。　7

① 農漁村滞在型の余暇活動の普及により，食料自給率が改善する。
② 国際収支における貿易・サービス収支を改善するのに役立つ。
③ 世界経済の動向や気候変動の影響を受けにくい。
④ 工業化の直接的な促進要因となり，知識・技術の向上が図られる。

(4) 前ページの文章中の空欄　a　に当てはまる語として正しいものを，次の①〜④の中から一つ選びなさい。　8

① 第一次世界大戦
② 第二次世界大戦
③ 米西戦争（Spanish-American War）
④ 日清戦争（First Sino-Japanese War）

問3 賃金が低いある国で，それより高い水準に法定最低賃金を設定する政策を採用したとする。次の図で示された労働需要曲線および労働供給曲線の形状を想定した場合，その政策がもたらすと予想される効果として最も適当なものを，下の①〜④の中から一つ選びなさい。ただし，他の条件は変わらないものとする。 9

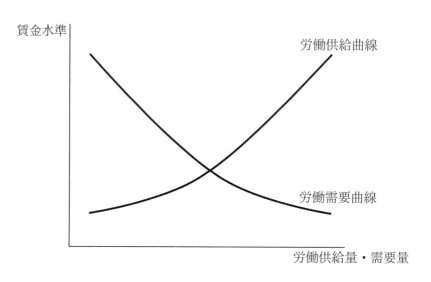

① 最低賃金で働く労働者は，労働時間を減らす。
② 失業率が下落し，雇用状況が改善される。
③ 起業意欲が高まり，個人事業主が増加する。
④ 企業は雇用労働量を削減し，機械化を進める。

問4　イギリスの経済学者リカード（David Ricardo）の主張として最も適当なものを，次の①〜④の中から一つ選びなさい。　10

① 周期的に起きる恐慌は，利子率の引き下げや公共投資増により解決できる。
② 民営化や規制緩和により，政府の市場への介入を制限するべきである。
③ 資本主義は貧富の差の拡大などの矛盾を内包しているため，社会主義への移行は必然である。
④ 各国が自国内で相対的に優位な財の生産に特化し，それらを交換することで相互に利益を得ることができる。

問5　日本では，日本銀行が政府から直接国債を購入する日銀引き受けが原則として禁止されている。この理由として最も適当なものを，次の①〜④の中から一つ選びなさい。　11

① 通貨の増発につながり，悪性のインフレーションが発生するおそれがあるから
② 通貨の増発につながり，悪性のデフレーションが発生するおそれがあるから
③ 通貨の増発にはつながらないが，悪性のインフレーションが発生するおそれがあるから
④ 通貨の増発にはつながらないが，悪性のデフレーションが発生するおそれがあるから

問6　税に関する記述として最も適当なものを，次の①〜④の中から一つ選びなさい。

12

① 直接税は，各種控除により納税者の事情に応じた課税がしやすい。
② 間接税は，低所得者ほど租税負担率が軽くなる傾向がある。
③ 所得税や法人税は間接税に，消費税は直接税に分類される。
④ 日本の税収全体に占める割合は，間接税の方が直接税よりも大きい。

問7　日本政府の財政は主に，一般会計と特別会計を通じて管理されている。これら二種の会計に関する記述として最も適当なものを，次の①〜④の中から一つ選びなさい。

13

① 一般会計は歳入，特別会計は歳出についてのものである。
② 一般会計予算の成立が遅れた際，暫定予算として特別会計が組まれる。
③ 特定の事業や資金運用をおこなうために一般会計と区分される会計が，特別会計と呼ばれる。
④ 一般会計予算は年度当初に成立した予算のことで，その後に組まれた予算は特別会計予算と呼ばれる。

問8 第二次世界大戦後に確立した固定相場制では，USドルを基軸通貨として，金1オンスを35ドルに設定するとともに，ドルと各国通貨との交換比率を定めた。例えば，1960年代には日本円は1ドル＝360円，西ドイツ（West Germany）マルクは1ドル＝4マルクであった。この時の円とマルクの交換レートとして正しいものを，次の①〜④の中から一つ選びなさい。 14

① 1マルク＝35円
② 1マルク＝90円
③ 1マルク＝120円
④ 1マルク＝140円

問9 ブレトンウッズ（Bretton Woods）会議で，設立が決まった国際復興開発銀行（IBRD）に関する記述として最も適当なものを，次の①〜④の中から一つ選びなさい。 15

① 多国間の自由貿易体制を構築し，維持していくために必要な資金を融資する。
② 国際収支の赤字により外貨不足に陥った国に財政支援をおこなう。
③ 世界経済の成長を目的としてさまざまな政策提言をおこなっており，「先進国クラブ」とも呼ばれる。
④ 設立当初の主たる目的は戦後復興を資金面で支えることであったが，近年は発展途上国の支援を業務の中心としている。

問10 次の表は，経済協力開発機構（OECD）開発援助委員会（DAC）加盟国の中の4か国による政府開発援助（ODA）実績における，国民一人当たりの負担額と，その加盟国内での順位（2015年）を示したものである。A〜Dに当てはまる国名の組み合わせとして正しいものを，下の①〜④の中から一つ選びなさい。 16

国名	A	B	C	D
負担額（USドル）	827.4	287.5	72.4	38.0
順位	1位	7位	19位	21位

外務省ウェブサイトより作成

	A	B	C	D
①	ノルウェー	イギリス	日本	韓国
②	イギリス	日本	韓国	ノルウェー
③	日本	韓国	ノルウェー	イギリス
④	韓国	ノルウェー	イギリス	日本

注）ノルウェー（Norway），韓国（South Korea）

問11 EU（欧州連合）の経済政策に関する記述として最も適当なものを，次の①〜④の中から一つ選びなさい。 17

① 域内の労働移動が自由化された一方，資本移動は強く規制されている。
② 域内の関税は撤廃された一方，域外諸国との貿易における関税率は各国が個別に定めている。
③ 欧州理事会議長の職が常任とされ，EU全体の財政政策を欧州理事会がおこなうことになった。
④ 共通通貨ユーロが導入されているユーロ圏では，欧州中央銀行（ECB）の指示の下，統一的な金融政策が実施されている。

問12 次の表は，日本，アメリカ，中国（China），ロシアの発電量と一次エネルギー自給率を示したものである。日本の指標を示しているものを，次の①〜④の中から一つ選びなさい。　18

	発電量（億kWh）		一次エネルギー自給率（％）	
	1990年	2014年	1990年	2014年
①	32,186	43,392	86.3	90.8
②	10,822	10,642	147.1	183.7
③	8,573	10,537	17.0	6.0
④	6,213	56,789	101.2	85.0

『世界国勢図会　2017/18年版』より作成

問13 第二次世界大戦後の日本経済の歴史に関する記述として最も適当なものを，次の①〜④の中から一つ選びなさい。　19

① 日本の高度経済成長期は，1990年代初めのバブル経済の崩壊とともに終わった。

② 日本を含む先進5か国の間でプラザ合意（Plaza Accord）が成立し，ドル安・円高が是正された。

③ 第一次石油危機（Oil Crisis）をきっかけに，日本経済はスタグフレーションに見舞われた。

④ 朝鮮戦争（Korean War）が起こり，アメリカ軍が日本で大量の物資調達をおこなったため，日本は恐慌に陥った。

問14 日本の標準時に関する次の問い(1), (2)に答えなさい。

(1) 日本標準時子午線（Japan Standard Time Meridian）は，東経135度の経線に定められている。この経線として正しいものを，次の地図中の①〜④の中から一つ選びなさい。 20

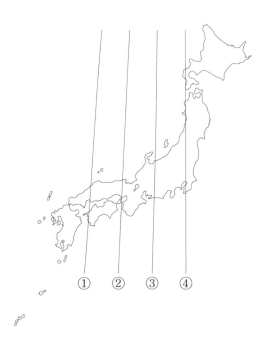

(2) 日本と12時間の時差がある都市として正しいものを，次の①〜④の中から一つ選びなさい。ただし，サマータイムは考慮しないものとする。 21

① ロサンゼルス（Los Angeles）
② ホノルル（Honolulu）
③ マドリード（Madrid）
④ リオデジャネイロ（Rio de Janeiro）

問15　大河とその河口の海域との組み合わせとして正しいものを，次の①～④の中から一つ選びなさい。　22

	大河	海域
①	ライン川	バルト海
②	ドナウ川	黒海
③	メコン川	アラビア海
④	ミシシッピ川	紅海

注）ライン川（Rhine），バルト海（Baltic Sea），ドナウ川（Danube），黒海（Black Sea），メコン川（Mekong），アラビア海（Arabian Sea），ミシシッピ川（Mississippi），紅海（Red Sea）

問16　「緑の革命」に関する説明として最も適当なものを，次の①～④の中から一つ選びなさい。　23

① 開発途上国で植林が進んだことで，地球温暖化防止に大きく寄与したこと
② 開発途上国において治山治水のため，植林がおこなわれたこと
③ プランテーション農業によって，輸出農産物の増産につながったこと
④ 高収量品種の開発と導入によって，開発途上国において米や小麦などの食料増産が図られたこと

問17 次の表は，北欧４か国，すなわちスウェーデン（Sweden），デンマーク（Denmark），ノルウェー，フィンランド（Finland）の2015年における貿易内容を示したものである。ノルウェーを示しているものを，次の①〜④の中から一つ選びなさい。 24

①

輸出	輸入
機械類　（14,079）	機械類　（13,140）
紙類　　（7,755）	自動車　（4,663）
石油製品（3,850）	原油　　（3,994）
鉄鋼　　（3,478）	石油製品（2,472）
自動車　（2,959）	医薬品　（2,230）
計　　（59,682）	計　　（60,174）

②

輸出	輸入
機械類　（21,625）	機械類　（18,654）
医薬品　（6,475）	自動車　（6,469）
肉類　　（4,163）	衣類　　（4,531）
衣類　　（3,951）	医薬品　（3,537）
魚介類　（2,974）	石油製品（3,366）
計　　（94,619）	計　　（85,327）

③

輸出	輸入
機械類　（36,830）	機械類　（34,671）
自動車　（15,576）	自動車　（15,149）
医薬品　（8,426）	原油　　（7,212）
紙類　　（7,702）	石油製品（5,003）
石油製品（7,616）	魚介類　（4,372）
計　（140,134）	計　（138,098）

④

輸出	輸入
天然ガス（26,324）	機械類　（18,026）
原油　　（25,352）	自動車　（7,860）
機械類　（9,572）	船舶　　（4,191）
魚介類　（8,942）	金属製品（3,656）
石油製品（5,197）	石油製品（2,531）
計　（104,800）	計　　（77,193）

『世界国勢図会　2017/18年版』より作成

注）括弧内の数値は輸出入金額（単位：100万ドル）を示す。

問18 「法の支配」に関する記述として最も適当なものを，次の①～④の中から一つ選びなさい。 25

① 「悪法も法なり」という法律万能主義を導き，全体主義と結びつくこともある。
② 法の規定が明文化されている必要があるため，慣習や判例に拘束されない。
③ 統治される者だけでなく，統治する者も法に従うべきだとする考え方である。
④ 制定に至る手続きの形式的正しさが重視され，法の内容が本当に正義にかなっているかどうかは問わない。

問19 近代国家が成熟してくると，国家は教育や社会保障に関する制度の整備など，国民に最低限度の生活を保障する積極的な役割も求められるようになった。こうした国家像を表す言葉として最も適当なものを，次の①～④の中から一つ選びなさい。 26

① 福祉国家
② 夜警国家
③ 主権国家
④ 国民国家

問20 日本では，公職選挙法が選挙や選挙運動に関して規定している。公職選挙法は，投票率の低下や社会環境の変化への対応のため，改正がなされてきた。このことに関する記述として適当でないものを，次の①～④の中から一つ選びなさい。 27

① 定められた投票日前に投票できる期日前投票制度が創設された。
② インターネットを利用した選挙運動が一部解禁された。
③ 選挙権年齢が満20歳以上から満18歳以上に引き下げられた。
④ 個人宅や企業を訪れて投票を直接依頼する戸別訪問が解禁された。

問21 近代憲法が保障する重要な自由の一つに，人身の自由がある。日本国憲法の条文の中で，人身の自由を保障する**規定ではないもの**を，次の①〜④の中から一つ選びなさい。　28

① 学問の自由は，これを保障する。
② 公務員による拷問および残虐な刑罰は，絶対にこれを禁ずる。
③ 何人も，理由を直ちに告げられ，かつ，直ちに弁護人に依頼する権利を与えられなければ，抑留または拘禁されない。
④ 何人も，いかなる奴隷的拘束も受けない。また，犯罪に因る処罰の場合を除いては，その意に反する苦役に服させられない。

問22 日本国憲法の基本原則に関する記述として最も適当なものを，次の①〜④の中から一つ選びなさい。　29

① 基本的人権の尊重が規定されているが，社会権については明文規定がない。
② 平和主義の原則に基づき，戦争の放棄が規定されている。
③ 連邦制の原則に基づき，国の役割は外交と国防に限定されている。
④ 国民主権の原則に基づき，直接民主制を基本とする政治制度が整えられている。

問23 日本国憲法では，裁判官が法に基づく公正な裁判をおこなうため，司法権の独立が規定されている。日本における司法権の独立に関する記述として最も適当なものを，次の①〜④の中から一つ選びなさい。　30

① 裁判所を民主的に統制するため，すべての裁判官は国民審査の対象になる。
② 行政機関は，裁判官の懲戒処分をおこなうことはできない。
③ 下級裁判所の裁判官は，内閣が提出する指名名簿に基づいて最高裁判所が任命する。
④ 行政裁判所や軍法会議などの特別裁判所は，最高裁判所にのみ設置することができる。

問24 日本の地方自治の特徴に関する記述として最も適当なものを，次の①〜④の中から一つ選びなさい。 31

① 地方自治体の歳出は，地方税と地方債という自主財源だけでまかなわれている。
② 執行機関である首長は，議事機関である地方議会の議決により選ばれる。
③ 都市計画の決定など，地方自治体が独自におこなう事務は法定受託事務と呼ばれる。
④ 一定数以上の有権者の署名を集めることで，条例の制定や議会の解散を求めることができる。

問25 2010年にチュニジア（Tunisia）で起きた大規模な民主化運動は周辺諸国に及んだ。これら一連の民主化運動の名称として最も適当なものを，次の①〜④の中から一つ選びなさい。 32

① ペレストロイカ（perestroika）
② シオニズム（Zionism）
③ アラブの春（Arab Spring）
④ ビロード革命（Velvet Revolution）

問26 次の文を読み，文中の空欄 a に当てはまる数値として正しいものを，下の①～④の中から一つ選びなさい。 33

1982年に採択された国連海洋法条約で，沿岸国は基線から a 海里を超えない範囲で自国の主権が及ぶ領海を設定できるとされた。

① 6
② 12
③ 24
④ 200

問27 1880年代からヨーロッパ（Europe）列強によるアフリカ（Africa）分割が本格化し，その過程で列強間の対立も生じた。その対立を解消するため，アフリカの植民地化には積極的に参加せず，ヨーロッパ大陸における自国の安全を図っていた国の首都で1884年から1885年にかけて国際会議が開催され，アフリカ分割の原則が確認された。この会議が開催された都市として正しいものを，次の①～④の中から一つ選びなさい。 34

① ベルリン（Berlin）
② パリ（Paris）
③ ウィーン（Vienna）
④ ロンドン（London）

問28 第一次世界大戦後のインド（India）における民族運動の展開の背景に関する記述として最も適当なものを，次の①〜④の中から一つ選びなさい。 35

① イギリスは戦時中インドに自治を約束したが，戦後も実質的な自治を与えなかった。
② フランスは戦時中インドに自治を約束したが，戦後も実質的な自治を与えなかった。
③ 戦時中に起きた大反乱を鎮圧したイギリスは，戦後インドの直接支配に乗り出した。
④ 戦時中に起きた大反乱を鎮圧したフランスは，戦後インドの直接支配に乗り出した。

問29 第一次世界大戦の終結から第二次世界大戦の勃発までの期間の出来事A〜Dを年代順に並べたものとして正しいものを，下の①〜④の中から一つ選びなさい。 36

A：不戦条約（Kellogg-Briand Pact）の締結
B：ワイマール憲法（Weimar Constitution）の制定
C：フランスによるルール占領（occupation of the Ruhr）
D：ドイツによるポーランド（Poland）侵攻

① A → C → D → B
② B → C → A → D
③ C → A → B → D
④ D → A → B → C

問30 冷戦下に「第三勢力」と呼ばれるようになった諸国に関する説明として最も適当なものを，次の①～④の中から一つ選びなさい。 **37**

① ソ連（USSR）と政治的に対立している社会主義諸国
② アメリカの覇権に批判的な資本主義諸国
③ 西側にも東側にも属さない非同盟主義諸国
④ 資源に恵まれ経済的に豊かであるが，国民の政治的権利が制限されている諸国

問31 1956年のハンガリー事件（Hungarian Uprising of 1956）に関する記述として最も適当なものを，次の①～④の中から一つ選びなさい。 **38**

① ハンガリーの首相が暗殺され，混乱が近隣諸国に及んだ。
② ハンガリーにおいてストライキが多発する中，自主管理労働組合「連帯」が台頭し，下院選挙で勝利した。
③ ハンガリーにおいて民主化やソ連軍の撤退を求める運動が起きたが，ソ連は軍事介入によって鎮圧した。
④ 東西に分断されたブダペスト（Budapest）において西側への亡命が続出し，ソ連軍による発砲事件が発生した。

総合科目の問題はこれで終わりです。解答欄の **39** ～ **60** はマークしないでください。

この問題冊子を持ち帰ることはできません。

平成29年度（2017年度）日本留学試験

数 学（80分）

【コース1（基本, Basic）・コース2（上級, Advanced）】

※ どちらかのコースを一つだけ選んで解答してください。

Ⅰ 試験全体に関する注意
1. 係員の許可なしに、部屋の外に出ることはできません。
2. この問題冊子を持ち帰ることはできません。

Ⅱ 問題冊子に関する注意
1. 試験開始の合図があるまで、この問題冊子の中を見ないでください。
2. 試験開始の合図があったら、下の欄に、受験番号と名前を、受験票と同じように記入してください。
3. コース1は1～13ページ、コース2は15～27ページにあります。
4. 足りないページがあったら、手をあげて知らせてください。
5. メモや計算などを書く場合は、問題冊子に書いてください。

Ⅲ 解答方法に関する注意
1. 解答は、解答用紙に鉛筆（HB）で記入してください。
2. 問題文中の **A**、**B**、**C**、…には、それぞれ－（マイナスの符号）、または、0から9までの数が一つずつ入ります。あてはまるものを選び、解答用紙（マークシート）の対応する解答欄にマークしてください。
3. 同一の問題文中に **A** 、**BC** などが繰り返し現れる場合、2度目以降は、**A** 、**BC** のように表しています。

解答に関する記入上の注意

(1) 根号（√）の中に現れる自然数が最小となる形で答えてください。
（例：$\sqrt{32}$ のときは、$2\sqrt{8}$ ではなく $4\sqrt{2}$ と答えます。）

(2) 分数を答えるときは、符号は分子につけ、既約分数（reduced fraction）にして答えてください。
（例：$\frac{2}{6}$ は $\frac{1}{3}$、$-\frac{2}{\sqrt{6}}$ は $\frac{-2\sqrt{6}}{6}$ と分母を有理化してから約分し、$\frac{-\sqrt{6}}{3}$ と答えます。）

(3) $\frac{A\sqrt{B}}{C}$ に $\frac{-\sqrt{3}}{4}$ と答える場合は、下のようにマークしてください。

(4) **DE** x に $-x$ と答える場合は、**D** を－、**E** を1とし、下のようにマークしてください。

【解答用紙】

A	●	⓪	①	②	③	④	⑤	⑥	⑦	⑧	⑨
B	⊖	⓪	①	②	●	④	⑤	⑥	⑦	⑧	⑨
C	⊖	⓪	①	②	③	●	⑤	⑥	⑦	⑧	⑨
D	●	⓪	①	②	③	④	⑤	⑥	⑦	⑧	⑨
E	⊖	⓪	●	②	③	④	⑤	⑥	⑦	⑧	⑨

4. 解答用紙に書いてある注意事項も必ず読んでください。

※ 試験開始の合図があったら、必ず受験番号と名前を記入してください。

受験番号			*				*		
名　前									

数学 コース 1
（基本コース）

（コース 2 は 15 ページからです）

「解答コース」記入方法

解答コースには「コース1」と「コース2」がありますので，どちらかのコースを 一つだけ 選んで解答してください。「コース1」を解答する場合は，右のように，解答用紙の「解答コース」の「コース1」を ○ で囲み，その下のマーク欄をマークしてください。

選択したコースを正しくマークしないと，採点されません。

I

問1　x の2次関数 $f(x) = 2x^2 + ax - 1$ は

$$f(-1) \geqq -3, \quad f(2) \geqq 3 \qquad \cdots\cdots\cdots ①$$

を満たしている。このとき，$f(x)$ の最小値 m を考える。

(1) m は a を用いて

$$m = -\dfrac{\boxed{A}}{\boxed{B}} a^2 - \boxed{C}$$

と表される。

(2) $f(x)$ が条件 ① を満たすような a の値の範囲は

$$\boxed{DE} \leqq a \leqq \boxed{F}$$

である。

(3) m の値が最も大きくなるのは，$y = f(x)$ のグラフの軸が直線 $x = \boxed{G}$ のときである。また，そのときの m の値は $\boxed{HI}$ である。

(4) m の値が最も小さくなるのは，$y = f(x)$ のグラフの軸が直線 $x = \boxed{JK}$ のときである。また，そのときの m の値は $\boxed{LM}$ である。

- 計算欄 (memo) -

問2　平面上に三角形 ABC があって，1 個の球が頂点 A に置かれている。いま，1 個のサイコロを投げ，次の規則にしたがって球を動かす。

(i)　球が A にあるとき，出た目が 1 であれば B に動かし，その他の場合は A から動かさない。

(ii)　球が B にあるとき，出た目が 4 以下であれば C に動かし，その他の場合は B から動かさない。

ただし，球が C に到達すれば試行を止める。

このとき，サイコロを投げて，4 回以内に球が C に到達する確率を求めよう。

(1)　サイコロを投げて 2 回目に球が C に到達する確率は $\dfrac{1}{\boxed{N}}$ である。

(2)　サイコロを投げて 3 回目に球が C に到達する確率は $\dfrac{\boxed{O}}{\boxed{PQ}}$ である。

(3)　サイコロを投げて 4 回目に球が C に到達する確率は $\dfrac{\boxed{RS}}{\boxed{TUV}}$ である。

以上から，4 回以内に球が C に到達する確率は $\dfrac{\boxed{WX}}{\boxed{YZ}}$ である。

注）サイコロ：dice，試行：trial

- 計算欄 (memo) -

Ⅰ の問題はこれで終わりです。

II

問1 a, b は有理数，p は実数とする。$x = \dfrac{\sqrt{5}+3}{\sqrt{5}+2}$ を解にもつ2次方程式

$$x^2 + ax + b = 0 \quad \cdots\cdots\cdots ①$$

と不等式

$$x + 1 < 2x + p + 3 \quad \cdots\cdots\cdots ②$$

を考える。

(1) a, b を求めよう。$x = \dfrac{\sqrt{5}+3}{\sqrt{5}+2}$ の分母を有理化して，$x = \sqrt{\boxed{A}} - \boxed{B}$ を得る。これが方程式 ① の解であるから，これを ① に代入して

$$-a + b + \boxed{C} + (a - \boxed{D})\sqrt{\boxed{E}} = 0$$

を得る。したがって

$$a = \boxed{F}, \quad b = \boxed{GH}$$

である。

(2) 方程式 ① の2つの解が，どちらも不等式 ② を満たすような最小の整数 p を求めよう。

不等式 ② を解いて

$$x > -p - \boxed{I}$$

を得る。方程式 ① の2つの解が，どちらもこれを満たすので

$$p > \sqrt{\boxed{J}} - \boxed{K}$$

である。したがって，最小の整数 p は $\boxed{L}$ である。

注) 有理数：rational number

- 計算欄 (memo) -

問 2　2 次関数
$$f(x) = \frac{3}{4}x^2 - 3x + 4$$
を考える。

a, b は $0 < a < b$ と $2 < b$ を満たす実数とする。このとき，関数 $y = f(x)$ の $a \leqq x \leqq b$ における値域が $a \leqq y \leqq b$ となるような a, b の値を求めよう。

$y = f(x)$ のグラフの軸の方程式が $x = \boxed{M}$ であるから，次のように場合分けをする。

(i)　$\boxed{M} \leqq a$

(ii)　$0 < a < \boxed{M}$

(i) のとき，$f(x)$ の値は $a \leqq x \leqq b$ において，x とともに増加するから，$f(a) = a$, $f(b) = b$ となればよい。これらを解いて，$a = \dfrac{\boxed{N}}{\boxed{O}}$, $b = \boxed{P}$ を得るが，この a は (i) を満たさない。

(ii) のとき，$f(x)$ の $a \leqq x \leqq b$ における最小値は $\boxed{Q}$ であるから
$$a = \boxed{R}$$
である。これは，(ii) を満たす。

このとき，$f(a) = \dfrac{\boxed{S}}{\boxed{T}} < b$ より，$f(b) = b$ である。よって
$$b = \boxed{U}$$
を得る。

- 計算欄 (memo) -

III

$1 < a < b < c < d$ を満たす 4 つの自然数 a, b, c, d を考える。これらの数から得られる 2 つの集合 $A = \{a, b, c, d\}$ と $B = \{a^2, b^2, c^2, d^2\}$ が次の 2 条件を満たすとする。

(i) 共通部分 $A \cap B$ に属する要素は 2 個あり，その和は 15 以上 25 以下である。

(ii) 和集合 $A \cup B$ に属するすべての要素の和は 300 以下である。

このとき，a, b, c, d の値を求めよう。

まず，$A \cap B = \{x, y\}$ とおく。ただし，$x < y$ とする。$x \in B$ かつ $y \in B$ であるから，(i) より $y = \boxed{16}$ であり，x は $\boxed{4}$，$\boxed{9}$ のどちらかである。ただし，$\boxed{4} < \boxed{9}$ となるように答えなさい。ここで，(ii) を考慮すると，$x = \boxed{4}$ である。したがって，A は $\boxed{2}$，$\boxed{2}^2$，$\boxed{2}^4$ を含む。

さらに，A に属する残りの要素を z とすると，z は (ii) より
$$z^2 + z \leqq \boxed{22}$$
を満たす。よって，$z = \boxed{3}$ である。

以上より
$$a = \boxed{2}, \quad b = \boxed{3}, \quad c = \boxed{4}, \quad d = \boxed{16}$$
である。

- 計算欄 (memo) -

IV

三角形 ABC の 3 辺の長さを AB = 6, BC = 8, CA = 4 とする。2 点 B, C を通り，直線 AB に接する円の中心を O′ とし，三角形 ABC の外接円の中心を O とする。このとき，線分 OO′ の長さを求めよう。

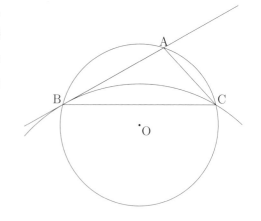

(1) $\cos\angle ABC = \dfrac{\boxed{A}}{\boxed{B}}$, $\sin\angle ABC = \dfrac{\sqrt{\boxed{CD}}}{\boxed{E}}$ である。

(2) 三角形 ABC の外接円の半径は $\dfrac{\boxed{FG}\sqrt{\boxed{HI}}}{\boxed{JK}}$ である。

(3) 直線 OO′ と辺 BC との交点を D とすると

$$OD = \dfrac{\boxed{L}\sqrt{\boxed{MN}}}{\boxed{OP}}, \quad O'D = \dfrac{\boxed{QR}\sqrt{\boxed{ST}}}{\boxed{UV}}$$

である。したがって，$OO' = \dfrac{\boxed{W}\sqrt{\boxed{XY}}}{\boxed{Z}}$ である。

注) 外接円：circumscribed circle

- 計算欄 (memo) -

IV の問題はこれで終わりです。

コース1の問題はこれですべて終わりです。解答用紙の V はマークしないでください。

解答用紙の解答コース欄に「コース1」が正しくマークしてあるか，
もう一度確かめてください。

この問題冊子を持ち帰ることはできません。

数学 コース 2
（上級コース）

「解答コース」記入方法

解答コースには「コース1」と「コース2」がありますので，どちらかのコースを<u>一つだけ</u>選んで解答してください。「コース2」を解答する場合は，右のように，解答用紙の「解答コース」の「コース2」を ○ で囲み，その下のマーク欄をマークしてください。

<u>選択したコースを正しくマークしないと，採点されません。</u>

I

問 1 x の 2 次関数 $f(x) = 2x^2 + ax - 1$ は

$$f(-1) \geqq -3, \quad f(2) \geqq 3 \quad \cdots\cdots\cdots ①$$

を満たしている。このとき，$f(x)$ の最小値 m を考える。

(1) m は a を用いて

$$m = -\frac{\boxed{A}}{\boxed{B}}a^2 - \boxed{C}$$

と表される。

(2) $f(x)$ が条件 ① を満たすような a の値の範囲は

$$\boxed{DE} \leqq a \leqq \boxed{F}$$

である。

(3) m の値が最も大きくなるのは，$y = f(x)$ のグラフの軸が直線 $x = \boxed{G}$ のときである。また，そのときの m の値は $\boxed{HI}$ である。

(4) m の値が最も小さくなるのは，$y = f(x)$ のグラフの軸が直線 $x = \boxed{JK}$ のときである。また，そのときの m の値は $\boxed{LM}$ である。

- 計算欄 (memo) -

問 2　平面上に三角形 ABC があって，1 個の球が頂点 A に置かれている。いま，1 個のサイコロを投げ，次の規則にしたがって球を動かす。

(i)　球が A にあるとき，出た目が 1 であれば B に動かし，その他の場合は A から動かさない。

(ii)　球が B にあるとき，出た目が 4 以下であれば C に動かし，その他の場合は B から動かさない。

ただし，球が C に到達すれば試行を止める。

このとき，サイコロを投げて，4 回以内に球が C に到達する確率を求めよう。

(1)　サイコロを投げて 2 回目に球が C に到達する確率は $\dfrac{1}{9}$ である。

(2)　サイコロを投げて 3 回目に球が C に到達する確率は $\dfrac{7}{54}$ である。

(3)　サイコロを投げて 4 回目に球が C に到達する確率は $\dfrac{13}{108}$ である。

以上から，4 回以内に球が C に到達する確率は $\dfrac{13}{36}$ である。

注）サイコロ：dice，試行：trial

- 計算欄 (memo) -

Ⅰ の問題はこれで終わりです。

II

問 1　漸化式
$$a_1 = 18, \quad a_{n+1} - 12a_n + 3^{n+2} = 0 \quad (n = 1, 2, 3, \cdots)$$

で定まる数列 $\{a_n\}$ の一般項を求めよう。

数列 $\{b_n\}$ を
$$b_n = \frac{a_n}{\boxed{A}^n} \quad (n = 1, 2, 3, \cdots)$$
と定めると，$\{b_n\}$ は
$$b_1 = \boxed{B}, \quad b_{n+1} - \boxed{C} b_n + \boxed{D} = 0 \quad (n = 1, 2, 3, \cdots)$$
を満たす。この漸化式は
$$b_{n+1} - \boxed{E} = \boxed{F} \left(b_n - \boxed{E} \right)$$
と変形できる。ここで，数列 $\{c_n\}$ を
$$c_n = b_n - \boxed{E} \quad (n = 1, 2, 3, \cdots)$$
と定めると，$\{c_n\}$ は初項 $\boxed{G}$，公比 $\boxed{H}$ の等比数列である。

したがって
$$a_n = \boxed{I}^n \left(\boxed{J} \cdot \boxed{K}^{n-1} + \boxed{L} \right) \quad (n = 1, 2, 3, \cdots)$$
である。

注）漸化式：recurrence formula，公比：common ratio，等比数列：geometric progression

- 計算欄 (memo) -

問 2　右図のような，原点を O とする xy 平面上で，AB = AC の二等辺三角形 ABC を考える。ただし，辺 AB は点 P($-1, 5$) を通り，辺 AC は点 Q($3, 3$) を通るものとする。

このとき，三角形 ABC の内接円の半径について考えよう。

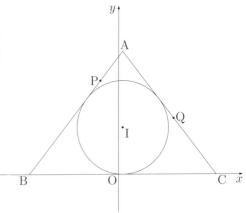

2 点 A, B を通る直線を ℓ_1 とし，2 点 A, C を通る直線を ℓ_2 とする。ℓ_1 の傾きを a とすると，ℓ_1, ℓ_2 の方程式は

$$\ell_1 : y = ax + a + \boxed{5}_{\text{M}}$$

$$\ell_2 : y = -ax + \boxed{3}_{\text{N}}\,a + \boxed{3}_{\text{O}}$$

である。

また，内接円の中心を I とおき，半径を r とおくと，I の座標は $\left(\boxed{1}_{\text{P}} - \dfrac{\boxed{1}_{\text{Q}}}{a},\ r\right)$ である。

したがって，r は a を用いて

$$r = \dfrac{\boxed{2}_{\text{R}}\,a + \boxed{4}_{\text{S}}}{\boxed{1}_{\text{T}} + \sqrt{a^2 + \boxed{1}_{\text{U}}}}$$

と表される。

特に，$r = \dfrac{5}{2}$ のとき，頂点 A の座標は $\left(\dfrac{\boxed{1}_{\text{V}}}{\boxed{4}_{\text{W}}},\ \dfrac{\boxed{20}_{\text{XY}}}{\boxed{3}_{\text{Z}}}\right)$ である。

注) 内接円：inscribed circle

- 計算欄 (memo) -

III

すべての正の実数 x に対して，不等式
$$\frac{\log 3x}{4x+1} \leqq \log\left(\frac{2kx}{4x+1}\right) \quad \cdots\cdots\cdots ①$$
が成り立つような正の実数 k の値の範囲を求めよう．ただし，$\log$ は自然対数とする．

(1) 次の文中の **A**，**B** には，下の選択肢 ⓪ ～ ⑧ の中から適するものを選びなさい．

不等式 ① を変形して
$$\log k \geqq \boxed{\text{A}} \quad \cdots\cdots\cdots ②$$
を得る．

ここで，② の右辺を $g(x)$ とおき，$g(x)$ を x で微分すると
$$g'(x) = \boxed{\text{B}}$$
である．

⓪ $\dfrac{\log 3x}{4x+1} - \log(4x+1) - \log 2x$ ① $\dfrac{\log 3x}{4x+1} - \log(4x+1) + \log 2x$

② $\dfrac{\log 3x}{4x+1} + \log(4x+1) + \log 2x$ ③ $\dfrac{\log 3x}{4x+1} + \log(4x+1) - \log 2x$

④ $\dfrac{4\log 3x}{(4x+1)^2}$ ⑤ $\dfrac{3x+2+\log 3x}{(4x+1)^2}$

⑥ $-\dfrac{4\log 3x}{(4x+1)^2}$ ⑦ $\dfrac{3x-2-\log 2x}{(4x+1)^2}$

⑧ $-\dfrac{3\log 2x}{(4x+1)^2}$

(III は次ページに続く)

注）自然対数：natural logarithm

(2) 次の文中の　E , F , G　には，下の選択肢 ⓪〜③ の中から適するものを選び，他の　☐　には適する数を入れなさい。

$g(x)$ は区間 $0 < x < \dfrac{\boxed{C}}{\boxed{D}}$ で　E　し，また，区間 $\dfrac{\boxed{C}}{\boxed{D}} < x$ で　F　する。よって，$g(x)$ は $x = \dfrac{\boxed{C}}{\boxed{D}}$ で　G　になる。

したがって，すべての正の実数 x に対して不等式 ① が成り立つような k の値の範囲は

$$k \geqq \dfrac{\boxed{H}}{\boxed{I}}$$

である。

⓪　増加　　①　減少　　②　最大　　③　最小

III の問題はこれで終わりです。III の解答欄　J　〜　Z　はマークしないでください。

IV

次の 2 つの曲線を考える。

$$x^2 + y^2 = 1 \quad \cdots\cdots\cdots ①$$
$$4xy = 1 \quad \cdots\cdots\cdots ②$$

ただし，$x > 0$, $y > 0$ とする。このとき，曲線 ① と曲線 ② で囲まれる部分の面積 S を求めよう。

(1) まず，曲線 ① と曲線 ② の交点を P, Q，それらの x 座標をそれぞれ p, q $(p < q)$ とする。

曲線 ① と曲線 ② の交点の座標 (x, y) は，① より，$x = \cos\theta$, $y = \sin\theta$ $\left(0 < \theta < \dfrac{\pi}{2}\right)$ とおける。このとき，② より

$$\sin \boxed{A}\, \theta = \dfrac{\boxed{B}}{\boxed{C}}$$

となる。これより

$$\theta = \dfrac{\boxed{D}}{\boxed{EF}}\pi, \quad \dfrac{\boxed{G}}{\boxed{HI}}\pi$$

となる。ただし，$\dfrac{\boxed{D}}{\boxed{EF}} < \dfrac{\boxed{G}}{\boxed{HI}}$ となるように答えなさい。

よって

$$p = \cos\dfrac{\boxed{J}}{\boxed{KL}}\pi, \quad q = \cos\dfrac{\boxed{M}}{\boxed{NO}}\pi$$

を得る。

(IV は次ページに続く)

(2) S の値を求めよう。
$$S = \int_p^q \left(\sqrt{1-x^2} - \frac{1}{4x}\right) dx$$
であるから
$$I = \int_p^q \sqrt{1-x^2}\, dx, \quad J = \int_p^q \frac{1}{x}\, dx$$
の値を求めればよい。

I については，$x = \cos\theta$ とおいて置換積分の計算をすると
$$I = \frac{\boxed{P}}{\boxed{Q}}\pi$$
となる。また
$$J = \log\left(\boxed{R} + \sqrt{\boxed{S}}\right)$$
である。ただし，log は自然対数である。

以上より
$$S = \frac{\boxed{P}}{\boxed{Q}}\pi - \frac{\boxed{T}}{\boxed{U}}\log\left(\boxed{R} + \sqrt{\boxed{S}}\right)$$
となる。

注）置換積分：integration by substitution，自然対数：natural logarithm

$\boxed{\text{IV}}$ の問題はこれで終わりです。$\boxed{\text{IV}}$ の解答欄 $\boxed{V}$ ～ $\boxed{Z}$ はマークしないでください。
コース2の問題はこれですべて終わりです。解答用紙の $\boxed{V}$ はマークしないでください。
解答用紙の解答コース欄に「コース2」が正しくマークしてあるか，
もう一度確かめてください。

この問題冊子を持ち帰ることはできません。

2017 Examination for Japanese University Admission
for International Students

Science (80 min.)
【Physics, Chemistry, Biology】

※ Choose and answer <u>two subjects</u>.
※ Answer the questions using <u>the front side of the answer sheet for one subject</u>, and <u>the reverse side for the other subject</u>.

I Rules of Examination
  1. Do not leave the room without the proctor's permission.
  2. Do not take this question booklet out of the room.

II Rules and Information Concerning the Question Booklet
  1. Do not open this question booklet until instructed.
  2. After instruction, write your name and examination registration number in the space provided below, as printed on your examination voucher.
  3. The pages of each subject are as in the following table.

Subject	Pages
Physics	1 – 21
Chemistry	23 – 35
Biology	37 – 50

  4. If your question booklet is missing any pages, raise your hand.
  5. You may write notes and calculations in the question booklet.

III Rules and Information Concerning the Answer Sheet
  1. You must mark your answers on the answer sheet with an HB pencil.
  2. Each question is identified by one of the row numbers 1 , 2 , 3 , ⋯. Follow the instruction in the question and completely black out your answer in the corresponding row of the answer sheet (mark-sheet).
  3. Make sure also to read the instructions on the answer sheet.

※ Once you are instructed to start the examination, fill in your examination registration number and name.

Examination registration number	＊			＊				
Name								

Physics

Marking your Choice of Subject on the Answer Sheet

Choose and answer two subjects from Physics, Chemistry, and Biology. Use the front side of the answer sheet for one subject, and the reverse side for the other subject.

As shown in the example on the right, if you answer the Physics questions, circle "Physics" and completely fill in the oval under the subject name.

If you do not correctly fill in the appropriate oval, your answers will not be graded.

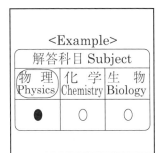

Science—2

I Answer questions **A** (Q1), **B** (Q2), **C** (Q3), **D** (Q4), **E** (Q5), and **F** (Q6) below, where g denotes the magnitude of acceleration due to gravity, and air resistance is negligible.

A As shown in the figure below, a small ball (mass: m) is suspended from a ceiling using three lightweight strings (**a, b, c**) joined together. String **a** forms an angle of $60°$ with the vertical, and string **b** forms an angle of $30°$ with the vertical. Let us denote as T_a and T_b the tension in **a** and **b**, respectively.

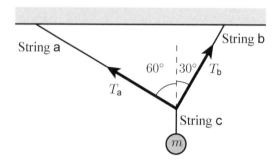

Q1 What is T_a? From ①-⑤ below choose the correct answer. $\boxed{1}$

① $\dfrac{1}{2}mg$ ② $\dfrac{\sqrt{3}}{3}mg$ ③ $\dfrac{\sqrt{3}}{2}mg$ ④ mg ⑤ $\sqrt{3}\,mg$

B As shown in the figure below, a small object (mass: m) is placed on a rough slope that forms angle θ with horizontal, and a force of magnitude F is applied to the object in the upward direction along the slope, which brings the object to rest. Next, F is gradually decreased. When F becomes less than a certain magnitude F_0, the object begins sliding down the slope. Let us denote as μ the coefficient of static friction between the object and the slope.

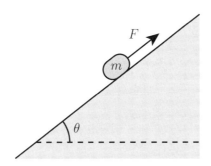

Q2 What is F_0? From ①-④ below choose the correct answer. 　　　　　$\boxed{2}$

① $mg(\cos\theta - \mu\sin\theta)$ 　　　　　② $mg(\sin\theta - \mu\cos\theta)$

③ $mg\left(\dfrac{1}{\mu}\cos\theta - \sin\theta\right)$ 　　　　　④ $mg\left(\dfrac{1}{\mu}\sin\theta - \cos\theta\right)$

Science—4

C As shown in the figure below, small object A (mass: m) and small object B (mass: $2m$) are attached to opposite ends of an inelastic lightweight string that passes over a fixed pulley. A is placed on the floor and B is held in a position where the string remains taut and vertical. Here, the height of B above the floor is h. Next, B is gently released and it begins moving vertically downward. The speed of B immediately before colliding with the floor is v. Assume that the pulley rotates without friction and its mass is negligible.

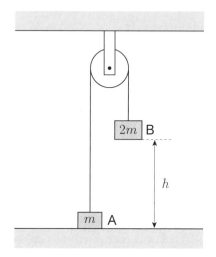

Q3 What is h? From ①-⑦ below choose the correct answer. | 3 |

① $\dfrac{v^2}{3g}$ ② $\dfrac{v^2}{2g}$ ③ $\dfrac{2v^2}{3g}$ ④ $\dfrac{v^2}{g}$

⑤ $\dfrac{3v^2}{2g}$ ⑥ $\dfrac{2v^2}{g}$ ⑦ $\dfrac{3v^2}{g}$

D An object at rest splits into two pieces, A and B, that move in opposite directions. Let us denote as m_A, v_A, and K_A the mass, speed, and kinetic energy of A, respectively, and as m_B, v_B, and K_B the mass, speed, and kinetic energy of B, respectively.

Q4 What are $\dfrac{v_A}{v_B}$ and $\dfrac{K_A}{K_B}$? From ①-④ below choose the correct combination. | 4 |

	①	②	③	④
$\dfrac{v_A}{v_B}$	$\dfrac{m_A}{m_B}$	$\dfrac{m_A}{m_B}$	$\dfrac{m_B}{m_A}$	$\dfrac{m_B}{m_A}$
$\dfrac{K_A}{K_B}$	$\dfrac{m_A}{m_B}$	$\dfrac{m_B}{m_A}$	$\dfrac{m_A}{m_B}$	$\dfrac{m_B}{m_A}$

E As shown in the figure below, a small ball is attached to one end of a lightweight spring placed on a smooth horizontal floor, and the other end is fixed in place to a wall. The ball is pulled distance d from its position when the spring is at its natural length and is gently released. The ball begins undergoing simple harmonic motion centered on the position of the natural length, with amplitude d. The speed of the ball when passing through the position of the natural length is v_0. When the speed of the ball is $\dfrac{v_0}{2}$, the ball is distance x from the position of the natural length.

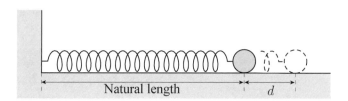

Q5 What is x? From ①-⑥ below choose the correct answer.

① $\dfrac{d}{4}$ ② $\dfrac{d}{2}$ ③ $\dfrac{\sqrt{6}\,d}{4}$

④ $\dfrac{\sqrt{2}\,d}{2}$ ⑤ $\dfrac{3d}{4}$ ⑥ $\dfrac{\sqrt{3}\,d}{2}$

F As shown in the figure below, an artificial satellite is travelling in an elliptical orbit where the earth is at one of the foci. If we denote as r the distance between the satellite and the center of the earth when the satellite is at its closest distance to the earth, then the lengths of the major and minor axes of the orbit are $10r$ and $6r$, respectively. Let us denote as v_0 the speed of the satellite when it is nearest to the earth, and as v_1 the speed of the satellite when it crosses the minor axis of the orbit.

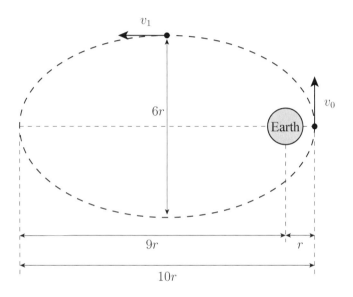

Q6 What is $\dfrac{v_1}{v_0}$? From ①-⑥ below choose the correct answer. | 6 |

① 1 ② $\dfrac{1}{2}$ ③ $\dfrac{1}{3}$

④ $\dfrac{1}{4}$ ⑤ $\dfrac{1}{5}$ ⑥ $\dfrac{1}{6}$

Science−8

II Answer questions **A** (Q1), **B** (Q2), and **C** (Q3) below.

A Ice of mass 200 g at 0 °C is placed in water of mass 1000 g at 30 °C held in a thermally insulated container. The heat of fusion of ice is 330 J/g and the specific heat of water is 4.2 J/(g · K). The heat capacity of the container is negligible.

Q1 What is the temperature inside the container after sufficient time elapses? From ①-⑥ below choose the best answer. $\boxed{7}$ °C

① 10   ② 12   ③ 14   ④ 16   ⑤ 18   ⑥ 20

B As shown in the figure below, two identical cylinders, A and B, are fixed in place on a horizontal floor, facing each other. The two pistons move smoothly, have the same cross sectional area, and are joined together by a common rod. The pistons enclose 0.20 mol and 0.60 mol of an ideal gas in A and B, respectively. The gas in A can be heated with a heater. Initially, the gases in A and B are at the same temperature and pressure. The heater is used to heat the gas in A for a certain amount of time. As a result, the volume of the gas in A increases by a factor of 1.5. Let us denote as T_A and T_B the temperature of the gas in A and the gas in B, respectively, for this state. The cylinders and pistons are made of thermally insulating material, and their heat capacity is negligible.

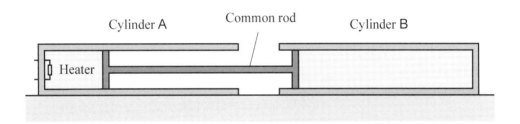

Q2　What is $\dfrac{T_A}{T_B}$? From ①-⑥ below choose the best answer.　　8

① 0.50　　② 0.80　　③ 1.0　　④ 1.3　　⑤ 1.8　　⑥ 2.0

C Let us denote as p, V, and T the pressure, volume, and absolute temperature of a fixed quantity of an ideal gas, respectively. The state of the gas is changed in the pathway A→B→C→D→A as shown in the V-T diagram in Figure 1 below.

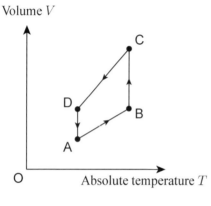

Figure 1

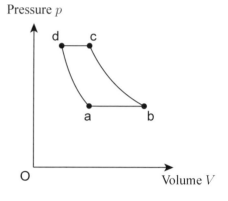

Figure 2

Q3 How is this change of state expressed in the p-V diagram in Figure 2? From ①-⑧ below choose the correct answer. ☐9

① a → b → c → d → a
② a → d → c → b → a
③ b → c → d → a → b
④ b → a → d → c → b
⑤ c → d → a → b → c
⑥ c → b → a → d → c
⑦ d → a → b → c → d
⑧ d → c → b → a → d

III Answer questions **A** (Q1), **B** (Q2), and **C** (Q3) below.

A The figure below is a graph representing, for a transverse wave propagating in the positive direction of the x-axis, the relationship between displacement of the medium, y, and position x at a certain time.

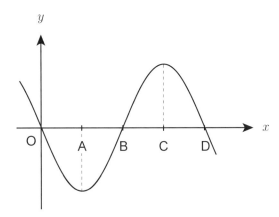

Q1 Of positions O, A, B, C, and D in the figure, where is the velocity of the medium at its maximum in the negative direction of the y-axis? From ①-⑤ below choose the answer correctly indicating all such positions. |10|

① A ② B ③ C ④ A, C ⑤ O, D

B Consider a device that determines the speed of a moving object by emitting an ultrasonic wave toward the object and measuring the frequency of the ultrasonic wave reflected by the object. Now, an object moving with speed v is approaching the device, which is at rest. The device emits an ultrasonic wave of frequency f_0 toward the object, and measures the frequency of the ultrasonic wave reflected by the object, which is found to be f. Let us denote as V the speed of the ultrasonic wave.

Q2 What is v? From ①-⑥ below choose the correct answer. $\boxed{11}$

① $\dfrac{f - f_0}{f} V$ 　　② $\dfrac{f_0 - f}{f} V$

③ $\dfrac{f - f_0}{f_0} V$ 　　④ $\dfrac{f_0 - f}{f_0} V$

⑤ $\dfrac{f - f_0}{f + f_0} V$ 　　⑥ $\dfrac{f_0 - f}{f + f_0} V$

Science—13

C As shown in the figure below, two flat glass plates measuring 300 mm along one side are stacked in air, and a gap of 0.030 mm is opened between them at one end. Monochromatic light of wavelength 600 nm (6.0×10^{-7} m) is projected at them from directly above, resulting in the formation of a striped pattern of bright and dark bands when viewed from directly above. Assume that the refractive index of air is 1.0.

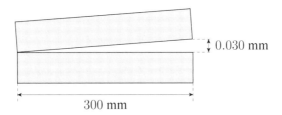

Q3 What is the interval of the dark bands (in mm)? From ①-⑥ below choose the best answer.

$\boxed{12}$ mm

① 1.0   ② 2.0   ③ 3.0

④ 4.0   ⑤ 5.0   ⑥ 6.0

Science-14

IV Answer questions **A** (Q1), **B** (Q2), **C** (Q3), **D** (Q4), **E** (Q5), and **F** (Q6) below.

A Two lightweight nonconducting strings of the same length are attached to a ceiling, separated by horizontal distance $3a$. Small balls A and B, of the same mass, are attached to the other ends of the strings, so that they are suspended. As shown in Figure 1, when a charge with quantity of electricity q (> 0) is given to A and a charge with quantity of electricity $-q$ is given to B, A and B come to rest at positions separated by distance a. Next, as shown in Figure 2, when a charge with quantity of electricity Q (> 0) is given to both A and B, they come to rest at positions separated by distance $5a$.

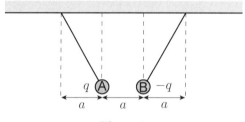

Figure 1

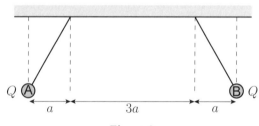

Figure 2

Q1 What is $\dfrac{Q}{q}$? From ①-⑥ below choose the correct answer.   **13**

① $\sqrt{3}$ ② $\sqrt{5}$ ③ 3   ④ 5   ⑤ 9   ⑥ 25

B As shown in the figure below, two point charges, each with quantity of electricity $Q\ (>0)$, are fixed in place at points symmetrically centered on origin O in an x-y plane, $(-d, 0)$ and $(d, 0)$. Another point charge P with quantity of electricity $q\ (>0)$ is moved along paths (**a**), (**b**), and (**c**) in the figure, from the start point of each path to its end point in the direction indicated by each arrow.

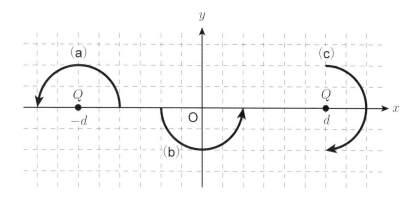

Q2 From ①-⑦ below choose the answer correctly indicating all movements where the work done by the electrostatic force acting on P from start to end of movement is zero. $\boxed{14}$

① (a) ② (b) ③ (c)

④ (a), (b) ⑤ (a), (c) ⑥ (b), (c)

⑦ (a), (b), (c)

Science—16

C A parallel plate capacitor, a battery, a resistor, and switch S are connected as shown in the figure below. Initially, S is closed to charge the capacitor. Next, S is opened and then the distance separating the capacitor plates is doubled. Let us denote as U_1 the electrostatic energy stored in the capacitor in this state. Next, while keeping the plate distance doubled, S is closed to charge the capacitor. Let us denote as U_2 the electrostatic energy stored in the capacitor in this state.

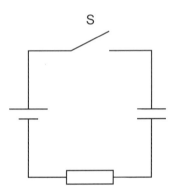

Q3 What is $\dfrac{U_2}{U_1}$? From ①-⑤ below choose the best answer. | 15 |

① $\dfrac{1}{4}$ ② $\dfrac{1}{2}$ ③ 1   ④ 2   ⑤ 4

D Four resistors (resistance: R_1, R_2, R_3, R_4) and a battery (electromotive force: E) are connected as shown in the figure below. Let us denote as V the electric potential at terminal A with respect to terminal B. The internal resistance of the battery is negligible.

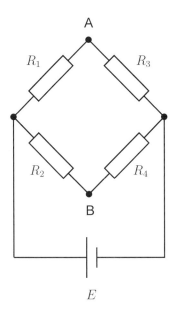

Q4 What is $\dfrac{V}{E}$? From ①-④ below choose the correct answer. $\boxed{16}$

① $\dfrac{R_1 R_3 - R_2 R_4}{(R_1 + R_2)(R_3 + R_4)}$ ② $\dfrac{R_2 R_4 - R_1 R_3}{(R_1 + R_2)(R_3 + R_4)}$

③ $\dfrac{R_1 R_4 - R_2 R_3}{(R_1 + R_3)(R_2 + R_4)}$ ④ $\dfrac{R_2 R_3 - R_1 R_4}{(R_1 + R_3)(R_2 + R_4)}$

Science−18

E As shown in Figure 1 below, three sufficiently long straight conducting wires pass through points A $(a, 0)$, B $(0, a)$, and C $(-2a, 0)$ in an x-y plane coinciding with the plane of this page, perpendicular to this page ($a > 0$). As shown in Figure 2, initially a current of magnitude I is made to flow through only the wire passing through A, in the direction from the back of this page to the front. The magnitude of the resulting magnetic field at origin O is H_0. Next, as shown in Figure 3, currents of magnitude I are made to flow through all three wires, in the direction from the back of this page to the front. The magnitude of the resulting magnetic field at O is H_1.

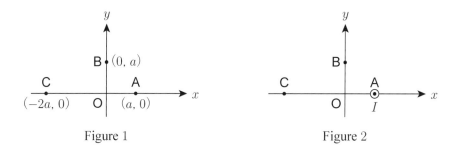

Figure 1   Figure 2

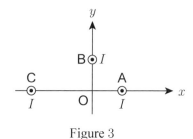

Figure 3

Q5 What is $\dfrac{H_1}{H_0}$? From ①-⑥ below choose the correct answer. | 17 |

① $\dfrac{1}{2}$ ② $\dfrac{\sqrt{3}}{2}$ ③ 1 ④ $\dfrac{\sqrt{5}}{2}$ ⑤ $\dfrac{\sqrt{6}}{2}$ ⑥ 2

F As shown in the figure below, three sufficiently long straight conducting wires (L_1, L_2, L_3) are placed in the same plane, parallel to one another and separated by equal distances of a. Currents of equal magnitude are flowing upward through L_1 and L_2. A current of a certain magnitude is flowing through L_3 in a certain direction. A force of magnitude F per unit length is acting on L_1 rightward, and a force of magnitude $2F$ per unit length is acting on L_2 leftward. Here, upward, downward, rightward and leftward refer to the directions indicated by the four arrows in the figure.

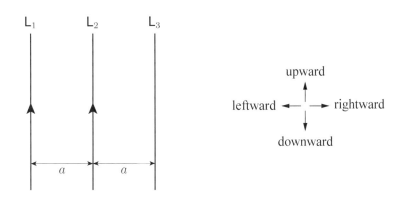

Q6 What are the direction of the current flowing through L_3, the direction of the force acting on L_3, and the magnitude of the force acting on L_3 per unit length? From ①-⑧ below choose the correct combination. ⬜18

	Direction of current	Direction of force	Magnitude of force per unit length
①	upward	rightward	F
②	upward	rightward	$3F$
③	upward	leftward	F
④	upward	leftward	$3F$
⑤	downward	rightward	F
⑥	downward	rightward	$3F$
⑦	downward	leftward	F
⑧	downward	leftward	$3F$

V Answer question **A** (Q1) below.

A A nucleus X with mass number A and atomic number Z is expressed as ^A_ZX. Unstable nucleus $^{230}_{90}$Th undergoes α-decay a times and β-decay b times to become stable $^{206}_{82}$Pb.

Q1 What is the set of values for (a, b)? From ①-⑥ below choose the correct answer. | 19 |

① (5, 3) ② (5, 4) ③ (5, 5)

④ (6, 3) ⑤ (6, 4) ⑥ (6, 5)

End of Physics questions. Leave the answer spaces 20 – 75 blank. Please check once more that you have properly marked the name of your subject as "Physics" on your answer sheet.

Do not take this question booklet out of the room.

Chemistry

Marking Your Choice of Subject on the Answer Sheet

Choose and answer two subjects from Physics, Chemistry, and Biology. Use the front side of the answer sheet for one subject, and the reverse side for the other subject.

As shown in the example on the right, if you answer the Chemistry questions, circle "Chemistry" and completely fill in the oval under the subject name.

If you do not correctly fill in the appropriate oval, your answers will not be graded.

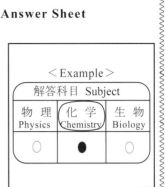

Use the following values for calculation. The unit of volume "liter" is represented by "L".

Standard state: 0 ℃, 1.01×10^5 Pa ($= 1.00$ atm)

The molar volume of an ideal gas at the standard state: 22.4 L/mol

Gas constant: $R = 8.31 \times 10^3$ Pa·L/(K·mol)

Avogadro constant: $N_A = 6.02 \times 10^{23}$ /mol

Faraday constant: $F = 9.65 \times 10^4$ C/mol

Atomic weight: H : 1.0 C : 12 N : 14 O : 16
Mg : 24 S : 32 Pb : 207

The relation between the group and the period used in this examination is indicated in the following periodic table. Atomic symbols other than **H** are omitted.

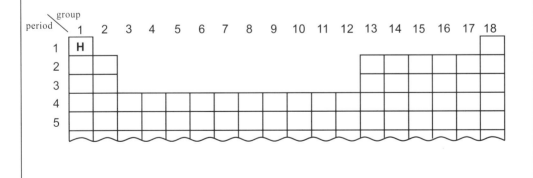

Q1 The following figures indicate the electron configurations of atom X and atom Y.

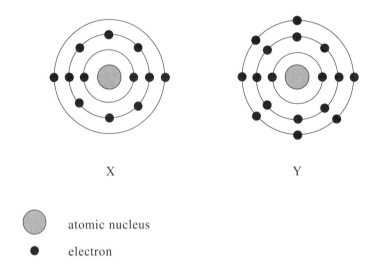

X   Y

● atomic nucleus
● electron

From ①-⑥ in the following table choose the correct combination of the ion formula of X when it forms a stable ion, and the compositional formula of a compound formed between X and Y by ionic bonds. 　1

	Ion formula	Compositional formula
①	X^{2+}	XY
②	X^{2+}	XY_2
③	X^{2+}	X_2Y
④	X^{2-}	YX
⑤	X^{2-}	Y_2X
⑥	X^{2-}	YX_2

Q2 From the following statements ①-⑤ on the chemical bond choose the one in which the underlined part is **not** correct. $\boxed{2}$

① In metallic iron (Fe), iron atoms are connected to each other by metallic bonds.
② In ice, water molecules (H_2O) are connected to each other by hydrogen bonds.
③ In dry ice, carbon dioxide molecules (CO_2) are connected to each other by covalent bonds.
④ In an ammonium ion (NH_4^+), an ammonia molecule (NH_3) is bonded to a hydrogen ion (H^+) by a coordinate bond.
⑤ In sodium chloride (NaCl), sodium ions (Na^+) and chloride ions (Cl^-) are connected to each other by ionic bonds.

Q3 From the following combinations of molecules ①-⑤ choose the one in which both are polar molecules. $\boxed{3}$

① CH_4, CCl_4 ② H_2O, CO_2 ③ N_2, NH_3 ④ HCl, CH_3Cl ⑤ F_2, Cl_2

Q4 There is a gas mixture of nitrogen (N_2) and hydrogen (H_2), and its average molecular weight is 8.5. From the following ①-⑤ choose the closest value for the molar ratio of nitrogen to hydrogen ($N_2 : H_2$) of the gas mixture. $\boxed{4}$

① 1 : 1   ② 1 : 2   ③ 1 : 3   ④ 1 : 4   ⑤ 1 : 5

Q5 At the standard state, 1.0 L of propane (C_3H_8) and 10.0 L of oxygen (O_2) were placed in an airtight container, and the propane was completely combusted. After the water formed during the reaction was removed, the temperature and the pressure were returned to the standard state. Calculate the volume of the gas in L. From ①-⑥ below choose the closest value. $\boxed{5}$ L

① 3.0   ② 4.0   ③ 5.0   ④ 6.0   ⑤ 7.0   ⑥ 8.0

Q6 The following figure indicates the crystal structure of copper (Cu).

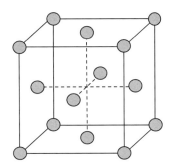

Among the following statements (**a**)-(**d**) on this crystal, two are correct. From ①-⑥ below choose the correct combination. [6]

(**a**) This crystal structure is one of the close-packed structures.
(**b**) The number of atoms contained in one unit cell is 14.
(**c**) When the radius of a copper atom is r, the length of a side of the unit cell is given by $2\sqrt{2}\,r$.
(**d**) Each atom has 8 nearest neighbor atoms.

① **a, b**   ② **a, c**   ③ **a, d**   ④ **b, c**   ⑤ **b, d**   ⑥ **c, d**

Q7 From 0.01 mol/L aqueous solutions of the following compounds ①-⑥, choose the one that has the lowest pH. [7]

① H_2S ② HNO_3 ③ $(COOH)_2$ ④ CH_3COOH ⑤ H_3PO_4 ⑥ H_2SO_4

Science—28

Q8 A lead storage battery was discharged to flow 0.4 mol of electrons. From the following ①-⑥ choose the statement that correctly describes the change of the mass of the cathode.

| 8 |

① It increased by 12.8 g.

② It increased by 19.2 g.

③ It increased by 25.6 g.

④ It decreased by 12.8 g.

⑤ It decreased by 19.2 g.

⑥ It decreased by 25.6 g.

Q9 The heat of formation of gaseous dinitrogen tetraoxide (N_2O_4) is Q_1 kJ/mol and that of gaseous nitrogen dioxide (NO_2) is Q_2 kJ/mol. From ①-⑥ below choose the correct equation representing the value of Q in the following thermochemical equation.

| 9 |

$$N_2O_4(gas) = 2NO_2(gas) + Q \text{ kJ}$$

① $Q = Q_1 + Q_2$ ② $Q = Q_1 - Q_2$ ③ $Q = -Q_1 + Q_2$

④ $Q = Q_1 + 2Q_2$ ⑤ $Q = Q_1 - 2Q_2$ ⑥ $Q = -Q_1 + 2Q_2$

Q10 When 1.0 mol of dinitrogen tetraoxide (N_2O_4) was placed in a 10 L container at a constant temperature, the pressure of the gas was 1.0×10^5 Pa. Keeping the temperature constant, nitrogen dioxide (NO_2) was formed and the following equilibrium was established. The total pressure was changed to 1.1×10^5 Pa.

$$N_2O_4 \rightleftharpoons 2NO_2$$

From the following ①-⑥ choose the closest value for the concentration equilibrium constant at this temperature. Assume that all substances in the container are ideal gases.

| 10 | mol/L

① 0.0011 ② 0.0022 ③ 0.0044 ④ 0.011 ⑤ 0.022 ⑥ 0.044

Q11 From the following metals ①-⑤ choose the one that dissolves in aqueous sodium hydroxide (NaOH) but does not dissolve in concentrated nitric acid (conc. HNO_3).

| 11 |

① Ag   ② Al   ③ Fe   ④ Zn   ⑤ Pb

Q12 Among the acidic oxides listed in column **A** of the following table, two of them yield the acids listed in column **B** when reacted with a sufficient amount of water. From ①-⑥ below choose the correct combination. ｜12｜

	A	B
a	nitrogen dioxide (NO_2)	nitric acid (HNO_3)
b	tetraphosphorus decaoxide (P_4O_{10})	phosphoric acid (H_3PO_4)
c	sulfur dioxide (SO_2)	sulfuric acid (H_2SO_4)
d	dichlorine heptaoxide (Cl_2O_7)	hydrochloric acid (HCl)

① a, b   ② a, c   ③ a, d   ④ b, c   ⑤ b, d   ⑥ c, d

Q13 Among the following reactions (**a**)-(**e**), there are two in which the underlined substances are oxidized. From ①-⑦ below choose the correct combination. ☐13

(a) 2<u>Cu</u> + O₂ ⟶ 2CuO
(b) 2<u>CuO</u> + C ⟶ 2Cu + CO₂
(c) 2H₂ + <u>O₂</u> ⟶ 2H₂O
(d) 2<u>Al</u> + 6HCl ⟶ 2AlCl₃ + 3H₂
(e) 3Cu + 8<u>HNO₃</u> ⟶ 3Cu(NO₃)₂ + 4H₂O + 2NO

① a, b   ② a, d   ③ a, e   ④ b, d   ⑤ b, e   ⑥ c, d   ⑦ d, e

Q14 0.10 mol of hydrogen (H₂) was generated when dilute hydrochloric acid (dil. HCl) was added to 3.0 g of magnesium (Mg) powder containing some impurities. Calculate the purity of this magnesium in mass percent (%). From the following ①-⑤ choose the closest value. Assume that the impurities do not react with dilute hydrochloric acid.

$\boxed{14}$ %

① 20   ② 40   ③ 50   ④ 80   ⑤ 96

Q15 Column **A** of the following table lists anions and column **B** lists reagents used to detect the anions as their precipitates. From ①-⑤ below choose the one in which the reagent in column **B** is **not** correct. $\boxed{15}$

	A	B
①	Cl^-	$AgNO_3$
②	SO_4^{2-}	$Mg(NO_3)_2$
③	CO_3^{2-}	$Ba(NO_3)_2$
④	CrO_4^{2-}	$Pb(NO_3)_2$
⑤	$[Fe(CN)_6]^{4-}$	$FeCl_3$

Q16 When 29 mg of a hydrocarbon was completely combusted, 88 mg of carbon dioxide (CO_2) was obtained. From the following ①-⑥ choose the correct one for the molecular formula of this hydrocarbon. $\boxed{16}$

① C_2H_5　② C_2H_6　③ C_3H_6　④ C_3H_7　⑤ C_4H_{10}　⑥ C_4H_{12}

Q17 From the following ①-⑦ choose the number of aliphatic compounds with the molecular formula $C_4H_{10}O$ which react with metallic sodium (Na) to generate hydrogen (H_2). When stereoisomers are involved, they are to be counted separately. $\boxed{17}$

① 1　② 2　③ 3　④ 4　⑤ 5　⑥ 6　⑦ 7

Q18 Two compounds listed in column **A** of the following table are to be distinguished with the aid of the reagents listed in column **B**. From ①-④ below choose the one in which the reagent in column **B** is **not** correct. ⬜18

	A	B
①	nitrobenzene, aniline	solution of bleaching powder (CaCl(ClO) aq)
②	phenol, toluene	aqueous sodium hydroxide (NaOH)
③	salicylic acid, acetylsalicylic acid	aqueous sodium hydrogen carbonate (NaHCO$_3$)
④	benzoic acid, methyl salicylate	aqueous iron(III) chloride (FeCl$_3$)

Q19 Among the following polymer compounds (**a**)-(**d**) two are synthesized by condensation polymerization. From ①-⑥ below choose the correct combination. ⬜19

(**a**) poly(ethylene terephthalate)
(**b**) poly(vinyl acetate)
(**c**) poly(methyl methacrylate)
(**d**) nylon 6,6

① a, b   ② a, c   ③ a, d   ④ b, c   ⑤ b, d   ⑥ c, d

Q20 From the following statements ①-⑤ on the protein of egg whites choose the one in which underlined part is **not** correct. ⟦20⟧

① It <u>dissolves</u> in a dilute solution of table salt.
② It <u>solidifies</u> when heated.
③ It <u>is denatured</u> when it is added to hydrochloric acid (HCl aq).
④ It <u>turns reddish purple</u> when aqueous sodium hydroxide (NaOH) and aqueous copper(II) sulfate ($CuSO_4$) are added.
⑤ It turns <u>yellow</u> when ninhydrin solution is added and the mixture is heated.

End of Chemistry questions. Leave the answer spaces ⟦21⟧ ~ ⟦75⟧ blank.
Please check once more that you have properly marked the name of your subject as "Chemistry" on your answer sheet.

Do not take this question booklet out of the room.

Biology

Marking Your Choice of Subject on the Answer Sheet

Choose and answer two subjects from Physics, Chemistry, and Biology. Use the front side of the answer sheet for one subject, and the reverse side for the other subject.

As shown in the example on the right, if you answer the Biology questions, circle "Biology" and completely fill in the oval under the subject name.

If you do not correctly fill in the appropriate oval, your answers will not be graded.

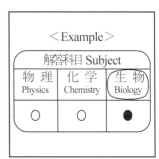

Q1 From ①–⑤ below choose the statement that correctly describes nucleic acids.　　| 1 |

① Both DNA and RNA have the same four types of bases: adenine, guanine, cytosine, and thymine.

② DNA has the following four types of bases: adenine, guanine, cytosine, and uracil.

③ Both DNA and RNA have ribose as their sugar.

④ The base sequence of an mRNA is the same as that of its DNA template.

⑤ In protein synthesis, tRNAs transport amino acids to the ribosome.

Q2 Catalase is an enzyme found in the cytoplasm of plants and animals.

In order to examine the catalytic activity of catalase and manganese (IV) oxide, eight test tubes A – H were prepared with the combinations of substances as shown in the following table, kept at 37°C and observed for the formation of bubbles. In which of test tubes A – H were bubbles observed, and what kind of gas was formed? From ①– ⑧ below choose the correct combination. | **2** |

Test tube	A	B	C	D	E	F	G	H
3% hydrogen peroxide solution	3 mL	—	3 mL	—	3 mL	—	3 mL	—
Distilled water	—	3 mL	—	3 mL	—	3 mL	—	3 mL
Pieces of raw liver	0.1 g	0.1 g	—	—	—	—	—	—
Pieces of boiled liver	—	—	0.1 g	0.1 g	—	—	—	—
Manganese (IV) oxide	—	—	—	—	0.1 g	0.1 g	—	—
Boiled manganese (IV) oxide	—	—	—	—	—	—	0.1 g	0.1 g

	Test tubes in which bubbles were observed	Gas formed
①	A, B, E, F	oxygen (O_2)
②	A, B, E, F	hydrogen (H_2)
③	B, D, F, H	oxygen (O_2)
④	B, D, F, H	hydrogen (H_2)
⑤	A, E, G	oxygen (O_2)
⑥	A, E, G	hydrogen (H_2)
⑦	C, E, G	oxygen (O_2)
⑧	C, E, G	hydrogen (H_2)

Q3 Cells in the mitotic phase of the cell cycle can be classified into the four phases: prophase, metaphase, anaphase, and telophase.

The following photo shows somatic cell division taking place in an onion root tip, with regions A – D each depicting a cell in a different phase of mitosis. Among the cells A – D, which cells are in prophase, metaphase, or anaphase? From ① – ⑧ below choose the correct combination. 　　**3**

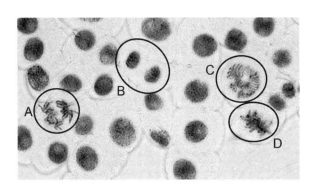

	Prophase	Metaphase	Anaphase
①	A	C	D
②	A	D	B
③	B	A	C
④	B	D	C
⑤	C	A	D
⑥	C	D	A
⑦	D	A	B
⑧	D	C	A

Science—40

Q4 Nitrogen (N) mainly exists as ^{14}N, but a heavier isotope ^{15}N also exists. It is possible to determine which isotope is present in DNA by centrifuging DNA extracted from cells and examining the position of the band.

Escherichia coli were cultured in a medium containing ^{14}N only or in a medium containing ^{15}N only. Figures a and b below show the DNA bands that formed for the samples extracted from cells grown in the media described above.

Next, *E. coli* cultured in a ^{15}N-only medium were transferred to a ^{14}N-only medium. Figures c and d below show the DNA bands of the samples taken from the cells immediately after the first and second divisions following the transfer, respectively. When *E. coli* DNA is represented with model figures x – z on the following page, which model figure represents the DNA of the *E. coli* after the first division, and which represents the DNA of the *E. coli* after the second division? From ①– ⑥ on the following page choose the correct answer. **4**

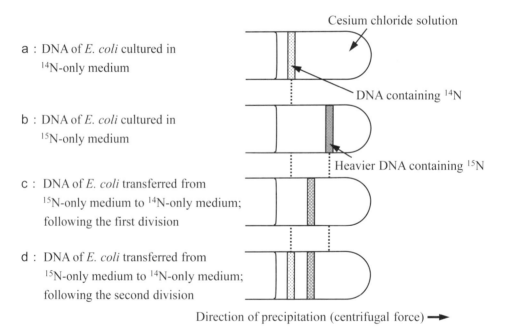

a : DNA of *E. coli* cultured in ^{14}N-only medium

b : DNA of *E. coli* cultured in ^{15}N-only medium

c : DNA of *E. coli* transferred from ^{15}N-only medium to ^{14}N-only medium; following the first division

d : DNA of *E. coli* transferred from ^{15}N-only medium to ^{14}N-only medium; following the second division

Direction of precipitation (centrifugal force) ⟶

Positions of the bands of DNA molecules following centrifugal separation

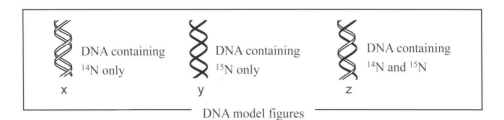
DNA model figures

	E. coli DNA following the first division	E. coli DNA following the second division
①	x	x, y
②	x	y, z
③	y	x, y
④	y	x, z
⑤	z	x, z
⑥	z	y, z

Q5 From ①–④ below choose the combination indicating the two statements in the following a – d that correctly describe splicing in eukaryotic cells. [5]

a Splicing takes place in the nucleus.

b Splicing takes place in the cytoplasmic matrix.

c mRNA is formed through removal of the regions corresponding to exons from precursor mRNA (the RNA immediately after transcription).

d mRNA is formed through removal of the regions corresponding to introns from precursor mRNA.

① a, c   ② a, d   ③ b, c   ④ b, d

Q6 Read the following paragraphs, and from ①–⑧ below, choose the combination of terms that best fills blanks a – c in the last paragraph. **6**

Escherichia coli produce lactase and related enzymes in a medium that contains lactose but lacks glucose; however, those enzymes are not produced in the absence of lactose.

The following figure schematically represents a cluster of the *E. coli* genes for lactase and the other enzymes, and the regions of DNA that are involved in the regulation of the expression of these genes.

In *E. coli* grown in a medium that contains lactose but lacks glucose, a lactose metabolite binds to a regulatory protein (a), altering its conformation. As a result, the regulatory protein can no longer bind to the b region, and thus the inhibition of transcription by c is removed.

	a	b	c
①	histone	operator	DNA polymerase
②	histone	operator	RNA polymerase
③	histone	promoter	DNA polymerase
④	histone	promoter	RNA polymerase
⑤	repressor	operator	DNA polymerase
⑥	repressor	operator	RNA polymerase
⑦	repressor	promoter	DNA polymerase
⑧	repressor	promoter	RNA polymerase

Q7 Meiosis consists of two divisions, meiosis I and meiosis II. From ① – ⑥ below choose the combination that correctly indicates the nuclear phases (*n* or 2*n*) of the mother cell, prophase I, prophase II, and the daughter cell in the process of meiosis.　　7

	Mother cell	Prophase I	Prophase II	Daughter cell
①	2*n*	2*n*	2*n*	*n*
②	2*n*	2*n*	*n*	*n*
③	2*n*	*n*	*n*	*n*
④	*n*	2*n*	2*n*	2*n*
⑤	*n*	*n*	2*n*	2*n*
⑥	*n*	*n*	*n*	2*n*

Q8 From ① – ⑤ below choose the statement that does **not** correctly describe gametogenesis and genes.　　8

① Genes that are located on the same chromosome are said to be linked.

② Genes that are not linked segregate independently of each other.

③ Chromosomal crossing-over takes place during metaphase II.

④ Genetic recombination contributes to diverse combinations of genes in gametes.

⑤ Meiosis results in a production of gametes inheriting various combinations of parental chromosomes. This is one of the mechanisms that confer genetic diversity.

Q9 From ① – ④ below choose the statement that does **not** correctly describe gametogenesis in angiosperms.　　9

① Through meiosis, a pollen mother cell gives rise to a pollen tetrad consisting of four cells.

② Through meiosis, a megaspore mother cell gives rise to four cells; three of those cells degenerate while the remaining cell is called the egg cell.

③ The nuclei of the pollen tube cell and the generative cell that are found in a pollen grain have identical genomes.

④ In an embryo sac, the nuclei of the antipodal cells, the synergids, and the egg cell, and the polar nuclei of the central cell all have identical genomes.

Q10 The following paragraph describes blood coagulation. From ① – ⑧ below choose the combination of terms that correctly fills blanks a – c in the paragraph.　　10

A sample of blood left standing in a test tube will eventually coagulate, resulting in the formation of a a . A a is a deposit of cellular elements of blood, such as blood cells, that are trapped with thread-like proteins called b . The yellowish fluid above the deposit in the test tube is called c .

	a	b	c
①	platelet	globulin	blood plasma
②	platelet	globulin	serum
③	platelet	fibrin	blood plasma
④	platelet	fibrin	serum
⑤	blood clot	globulin	blood plasma
⑥	blood clot	globulin	serum
⑦	blood clot	fibrin	blood plasma
⑧	blood clot	fibrin	serum

Q11 The following figure schematically represents the mechanism by which the blood glucose level is increased, that involves the adrenal gland. From ① – ⑥ below choose the combination that correctly indicates the hormones A and B in the figure. | 11 |

```
           ┌─────────────────────┐
           │   Adrenal gland     │
           ├──────────┬──────────┤
           │  Cortex  │ Medulla  │
           └────┬─────┴─────┬────┘
                ↓           ↓
                A           B
                ↓           ↓
   Protein ──→ Glucose ←── Glycogen
```

	A	B
①	glucagon	adrenaline
②	glucagon	glucocorticoid
③	adrenaline	glucagon
④	adrenaline	glucocorticoid
⑤	glucocorticoid	adrenaline
⑥	glucocorticoid	glucagon

Q12 Statements ① – ⑤ below describe B cells and T cells, which are involved in immunity. Choose the statement that applies to both B cells and T cells. | 12 |

① Some of the activated cells remain as memory cells.

② The activated cells differentiate into antibody-forming cells (plasma cells).

③ These cells originate in the bone marrow and mature in the thymus.

④ These cells become activated directly through antigen presentation by a dendritic cell.

⑤ These cells can become infected by the human immunodeficiency virus (HIV).

Q13 An experiment for examining dark adaptation of the human eye was performed by acclimatizing the eyes of the subject to a brightly lit room and then suddenly turning off all lights in the room. The following graph shows the relationship between the time spent in darkness and the minimum intensity of perceptible light.

From ① – ⑥ below choose the combination that best indicates the cells which act as main functioning cells at the conditions represented by the curves A and B in the graph, respectively. | **13** |

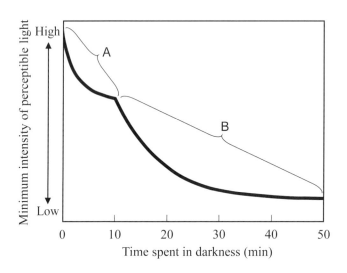

	Curve A	Curve B
①	rod cells	cone cells
②	rod cells	glia cells
③	cone cells	rod cells
④	cone cells	glia cells
⑤	glia cells	rod cells
⑥	glia cells	cone cells

Q14 The following figure schematically represents a cross section of a barley seed. The arrows in the figure indicate the movement of substances after the seed absorbs water and begins germinating. From ① – ⑥ below choose the combination that best indicates substances A – C in the figure.

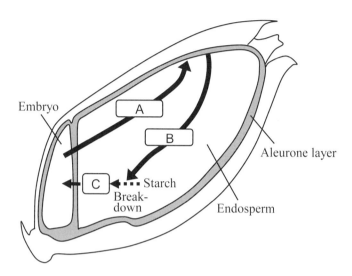

	A	B	C
①	gibberellin	amylase	sugar
②	gibberellin	sugar	amylase
③	amylase	sugar	gibberellin
④	amylase	gibberellin	sugar
⑤	sugar	amylase	gibberellin
⑥	sugar	gibberellin	amylase

Q15 The following paragraph describes the relationship between light and the mechanism by which stomata open and close. The figure below schematically represents the structure of the region surrounding a stoma. Referring to the figure, from ①–⑧ below choose the combination of terms that best fills blanks a – c in the paragraph.

|15|

When the photoreceptors in the guard cells absorb a light, the osmotic pressure in the guard cells b . As a result, water moves into the guard cells and the turgor pressure in the guard cells c , which causes the cells to change the shape, thus opening the stoma.

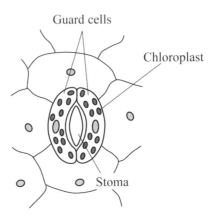

	a	b	c
①	blue	increases	increases
②	blue	increases	decreases
③	blue	decreases	increases
④	blue	decreases	decreases
⑤	red	increases	increases
⑥	red	increases	decreases
⑦	red	decreases	increases
⑧	red	decreases	decreases

Q16 The following figure schematically shows inputs and outputs of the organic matter at the various trophic levels of an ecosystem.

From ① – ⑥ below choose the combination of terms that correctly indicates what A – C represent in the figure. 　16

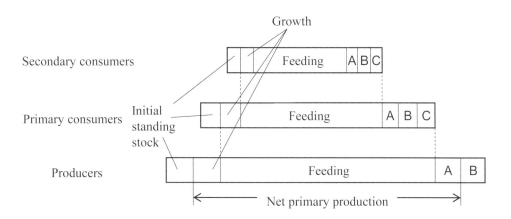

	A	B	C
①	respiration	death, dead plant tissue	excretion
②	respiration	excretion	death, dead plant tissue
③	death, dead plant tissue	respiration	excretion
④	death, dead plant tissue	excretion	respiration
⑤	excretion	respiration	death, dead plant tissue
⑥	excretion	death, dead plant tissue	respiration

Q17 The following statements a – e below describe organelles of eukaryotic cells. From ① – ⑥ below choose the combination indicating the two statements that best represent the evidence supporting the endosymbiotic theory. | 17 |

a Chloroplasts have a double membrane: an inner membrane and an outer membrane.
b There are two types of endoplasmic reticulum: rough endoplasmic reticulum, to which ribosomes are attached, and smooth endoplasmic reticulum, which is not associated with ribosomes.
c The Golgi body is composed of a single membrane and it consists of a stack of flattened sac-like structures.
d Vacuoles develop in plant cells, some of which may contain pigments.
e Mitochondria have their own DNA, which is different from that of the nucleus.

① a, b   ② a, e   ③ b, c   ④ b, e   ⑤ c, d   ⑥ d, e

Q18 From ① – ⑤ below choose the statement that does **not** correctly describe the evolution of living organisms. | 18 |

① Cyanobacteria emerged during the Precambrian.
② Reptiles flourished during the Mesozoic era.
③ Colonization of land by plants began in the Paleozoic era.
④ Gymnosperms flourished during the Mesozoic era.
⑤ Birds emerged during the Cenozoic era.

End of Biology questions. Leave the answer spaces | 19 | ~ | 75 | blank.
Please check once more that you have properly marked the name of your subject as "Biology" on your answer sheet.

Do not take this question booklet out of the room.

2017 Examination for Japanese University Admission
for International Students

Japan and the World
(80 min.)

I **Rules of Examination**
  1. Do not leave the room without the proctor's permission.
  2. Do not take this question booklet out of the room.

II **Rules and Information Concerning the Question Booklet**
  1. Do not open this question booklet until instructed.
  2. After instruction, write your name and examination registration number in the space provided below, as printed on your examination voucher.
  3. This question booklet has 22 pages.
  4. If your question booklet is missing any pages, raise your hand.
  5. You may write notes and calculations in the question booklet.

III **Rules and Information Concerning the Answer Sheet**
  1. You must mark your answers on the answer sheet with an HB pencil.
  2. Each question is identified by one of the row numbers **1**, **2**, **3**, ⋯. Follow the instruction in the question and completely fill in your answer in the corresponding row of the answer sheet (mark-sheet).
  3. Make sure also to read the instructions on the answer sheet.

※ Once you are instructed to start the examination, fill in your examination registration number and name.

Examination registration number		*				*					
Name											

Japan and the World—1

Q1 Read the following conversation and answer questions (1)-(4) below.

Teacher: I watched a TV news program on the ₁President of the USA. Did you see it, too?

Yoshiko: If you're talking about the special feature on President Trump's inauguration, yes, I did. I was impressed by the sight of the oath of office being given in front of the US Capitol, in ₂Washington, DC.

Teacher: Trump ran as the ₃Republican candidate for president and was elected under the slogan of "America First."

Yoshiko: What exactly does "America First" mean?

Teacher: I think it means working to rebuild the US economy, especially by improving employment opportunities. This includes withdrawing from the TPP (Trans-Pacific Partnership) agreement and re-negotiating ₄NAFTA (the North American Free Trade Agreement). It seems that those decisions were based on his view that neither of the agreements serves America's interests.

Japan and the World—2

(1) With reference to underlined item **1**, from ①-④ below choose the combination of terms that best fills blanks a and b in the following paragraph. **1**

The term of office for the US President is a years, and the US Constitution prohibits the same person from holding the office of President for more than two terms. Some other countries use a semipresidential system that has not only a President, but also a Prime Minister appointed by the President; examples of such countries include b and Russia.

	a	b
①	4	the UK
②	4	France
③	5	the UK
④	5	France

(2) With reference to underlined item **2**, from ①-④ on the map below choose the answer that correctly indicates the location of Washington, DC. **2**

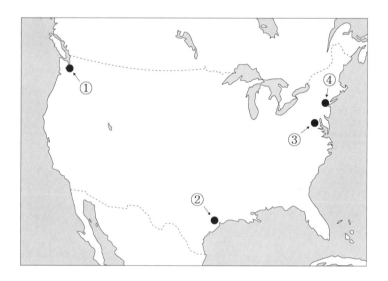

(3) With reference to underlined item **3**, from ①-④ below choose the combination that correctly matches a Republican US President and an event closely associated with him. **3**

	President	Event
①	Dwight D. Eisenhower	beginning of the New Deal
②	Richard M. Nixon	end of the Vietnam War
③	Ronald Reagan	Cuban Missile Crisis
④	William J. Clinton	end of the Cold War

(4) With reference to underlined item **4**, from ①-④ below choose the statement that best describes a change that is considered to have followed the signing of NAFTA. **4**

① A common monetary policy was adopted by NAFTA countries.

② Border controls between NAFTA countries were eliminated.

③ The number of factory relocations from the USA to Mexico increased.

④ The supply of cheap agricultural products from Canada stagnated in the USA.

Japan and the World—4

Q2 Read the following paragraph and answer questions (1)-(4) below.

Made up of more than 200 islands from small to large, the ₁Republic of Palau is a popular tourist destination for the Japanese, as it is relatively near Japan, being ₂accessible by a non-stop flight of about four and a half hours and in the same time zone. Palau has a comfortable climate, with temperatures varying little throughout the year, and is famous for its diving spots, attracting many tourists from not only Japan but also other countries. Accordingly, the ₃tourism industry is one of Palau's key industries. Historically, Palau was made a mandated territory of Japan by the League of Nations as an outcome of ⬚a⬚ , and thereafter many Japanese migrated there, resulting in the formation of deep ties between the two countries.

(1) With reference to underlined item **1**, from ①-④ below choose the answer that correctly indicates the type of political system used by Palau. ⬚**5**⬚

① presidential system with a bicameral legislature
② presidential system without a legislature
③ constitutional monarchy without a legislature
④ constitutional monarchy with a bicameral legislature

(2) With reference to underlined item **2**, from ①-④ on the map below choose the answer that correctly indicates the region encompassing Palau. ☐6

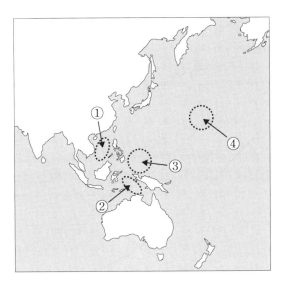

(3) With reference to underlined item **3**, from ①-④ below choose the statement that best describes the international tourism industry. ☐7

① It improves food self-sufficiency rates because of the popularity of rural tourism.
② It can help improve the goods and services account in the balance of payments.
③ It is not vulnerable to global economic trends or climate change.
④ It is a direct factor for promoting industrialization, and thus can contribute to the advancement of knowledge and technology.

(4) From ①-④ below choose the term that correctly fills blank ☐a in the paragraph above. ☐8

① World War I
② World War II
③ Spanish-American War
④ First Sino-Japanese War

Q3 A certain country had a low wage level but adopted a policy that set the legal minimum wage higher than that level. Referring to the form of the labor supply and demand curves on the following graph, from ①-④ below choose the statement that best describes an effect of that policy. Assume that all other things remain unchanged. 9

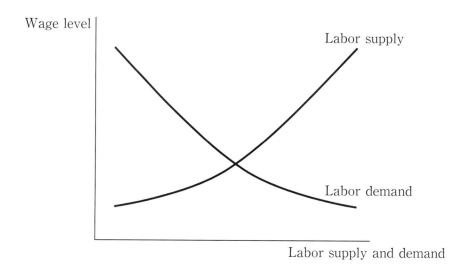

Labor supply and demand

① Laborers who work at the minimum wage will reduce the number of hours they work.
② The unemployment rate will decrease, and the employment opportunities will improve.
③ Motivation to start up new businesses will increase, leading to a rise in the number of self-employed persons.
④ Companies will reduce their workforce and increase automation.

Q4 From ①-④ below choose the statement that best describes a concept advocated by British economist David Ricardo. ☐10

① Cyclical depressions can be resolved through lowered interest rates and expanded public investment.

② Government intervention in the market should be limited through privatization and deregulation.

③ Since capitalism involves contradictions such as the widening of the rich-poor gap, the transition to socialism is inevitable.

④ Countries can mutually benefit if each of them specializes in producing a good that is advantageous in terms of other goods and if they trade those specialized goods with one another.

Q5 The Bank of Japan is, in principle, prohibited from directly purchasing Japanese government bonds. From ①-④ below choose the statement that best indicates the reason for this prohibition. ☐11

① It would lead to an increased money supply and thus risk triggering runaway inflation.

② It would lead to an increased money supply and thus risk triggering runaway deflation.

③ It would not lead to an increased money supply, but would risk triggering runaway inflation.

④ It would not lead to an increased money supply, but would risk triggering runaway deflation.

Q6 From ①-④ below choose the statement that best describes taxes. [12]

① Direct taxes are easier to levy for taxation in accordance with the circumstances of taxpayers using various deductions.

② The lower an income is, the less indirect tax is paid as a proportion of income.

③ Individual income tax and corporation income tax are classified as indirect taxes, and consumption taxes are classified as direct taxes.

④ Indirect taxes account for a larger proportion of Japan's total tax revenue than do direct taxes.

Q7 The Japanese government's finances are mainly controlled through the general account and special accounts. From ①-④ below choose the statement that best describes these two types of accounts. [13]

① The general account is for revenues, while the special accounts are for expenditures.

② A special account is formulated to serve as a provisional budget when a delay occurs to the passing of the general account budget.

③ A special account is separate from the general account and is established for purposes such as carrying out specific projects or managing funds.

④ The budget originally established for the fiscal year is referred to as the general account budget, and revised budgets are referred to as special account budgets.

Japan and the World—9

Q8 The fixed exchange rate system established after World War II used the US dollar as the key currency, defined the value of one ounce of gold as $35, and set exchange rates between the US dollar and other currencies. For example, in the 1960s, the exchange rate for the Japanese yen was $1=360 yen, and the rate for the West German mark was $1=4 marks. From ①-④ below choose the statement that correctly indicates the yen-mark exchange rate during that period. **14**

① 1 mark=35 yen
② 1 mark=90 yen
③ 1 mark=120 yen
④ 1 mark=140 yen

Q9 From ①-④ below choose the statement that best describes the International Bank for Reconstruction and Development (IBRD), whose establishment was decided at the Bretton Woods Conference. **15**

① It lends money necessary to structure a multilateral system of free trade and to maintain that system.
② It provides financial support to countries that experience a foreign currency shortage due to a deficit in their balance of payments.
③ It makes various policy recommendations aimed at promoting growth of the global economy and is sometimes called the "developed-country club."
④ Its founding purpose was mainly to provide funding support for postwar reconstruction, but in recent years its mission has been centered on supporting developing countries.

Japan and the World—10

Q10 The following table lists the real per-capita official development assistance (ODA) disbursements of four member countries of the OECD Development Assistance Committee, and their ranking among all DAC members, for 2015. From ①-④ below choose the combination that correctly identifies the countries represented by A-D in the table. |16|

Country	A	B	C	D
Disbursement (US$)	827.4	287.5	72.4	38.0
Rank	1st	7th	19th	21st

Source: Website of the Ministry of Foreign Affairs

	A	B	C	D
①	Norway	UK	Japan	South Korea
②	UK	Japan	South Korea	Norway
③	Japan	South Korea	Norway	UK
④	South Korea	Norway	UK	Japan

Q11 From ①-④ below choose the statement that best describes economic policy in the EU. |17|

① The movement of labor within the EU has been liberalized, while the movement of capital is strictly regulated.

② Intraregional tariffs have been eliminated, while member countries set their own tariff rates on imports from non-EU countries.

③ The office of President of the European Council is set up as a full-time post, and the European Council is responsible for conducting fiscal policy for the entire EU.

④ United monetary policy is conducted under the direction of the European Central Bank in the Eurozone, where the euro has been adopted as a common currency.

Q12 The following table lists the amount of electrical power generation and the primary energy self-sufficiency rates of Japan, the USA, China, and Russia. From ①-④ in the table below choose the answer that represents Japan. |18|

	Electrical power generation (100 million kWh)		Primary energy self-sufficiency rate (%)	
	1990	2014	1990	2014
①	32,186	43,392	86.3	90.8
②	10,822	10,642	147.1	183.7
③	8,573	10,537	17.0	6.0
④	6,213	56,789	101.2	85.0

Source: *Sekai Kokusei-zue 2017/18*

Q13 From ①-④ below choose the statement that best describes the Japanese economy following World War II. |19|

① Japan's period of rapid economic growth (called the "economic miracle") ended with the collapse of the economic bubble in the early 1990s.

② The signing of the Plaza Accord by five developed countries, including Japan, corrected the US dollar's weakening against the Japanese yen.

③ The Japanese economy fell into stagflation in the aftermath of the first Oil Crisis.

④ The Japanese economy went into a depression because the US military procured a large amount of supplies in Japan during the Korean War.

Japan and the World—12

Q14 Answer questions (1) and (2) below concerning Japan Standard Time.

(1) The Japan Standard Time Meridian is defined as 135° east longitude. From ①-④ on the map below choose the answer that correctly indicates this meridian. **20**

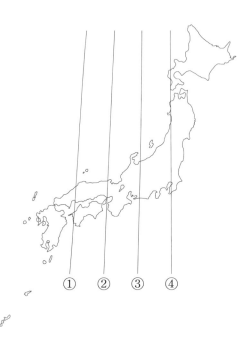

(2) From ①-④ below choose the answer that correctly indicates a city that has a 12-hour time difference with Japan. Do not take into account daylight saving time. **21**

① Los Angeles
② Honolulu
③ Madrid
④ Rio de Janeiro

Q15 From ①-④ below choose the combination that correctly matches a mighty river with the sea into which it flows. [22]

	River	Sea
①	Rhine	Baltic Sea
②	Danube	Black Sea
③	Mekong	Arabian Sea
④	Mississippi	Red Sea

Q16 From ①-④ below choose the statement that best describes the "Green Revolution." [23]

① It contributed greatly to the prevention of global warming by having trees planted in developing countries.

② It involved planting trees in developing countries for land restoration and flood control.

③ It led to increased production of agricultural exports by promoting plantation agriculture.

④ It aimed for increased production of foods such as rice and wheat through the development and introduction of high-yielding varieties in developing countries.

Japan and the World—14

Q17 The tables below list the major imports and exports of four Nordic countries (Sweden, Denmark, Norway, and Finland) for 2015. From ①-④ below choose the table that represents Norway. **24**

①

Exports		Imports	
Machinery	(14,079)	Machinery	(13,140)
Paper	(7,755)	Automobiles	(4,663)
Petroleum products	(3,850)	Crude oil	(3,994)
Steel	(3,478)	Petroleum products	(2,472)
Automobiles	(2,959)	Pharmaceuticals	(2,230)
Total	(59,682)	Total	(60,174)

②

Exports		Imports	
Machinery	(21,625)	Machinery	(18,654)
Pharmaceuticals	(6,475)	Automobiles	(6,469)
Meat	(4,163)	Clothing	(4,531)
Clothing	(3,951)	Pharmaceuticals	(3,537)
Fish/shellfish	(2,974)	Petroleum products	(3,366)
Total	(94,619)	Total	(85,327)

③

Exports		Imports	
Machinery	(36,830)	Machinery	(34,671)
Automobiles	(15,576)	Automobiles	(15,149)
Pharmaceuticals	(8,426)	Crude oil	(7,212)
Paper	(7,702)	Petroleum products	(5,003)
Petroleum products	(7,616)	Fish/shellfish	(4,372)
Total	(140,134)	Total	(138,098)

④

Exports		Imports	
Natural gas	(26,324)	Machinery	(18,026)
Crude oil	(25,352)	Automobiles	(7,860)
Machinery	(9,572)	Ships	(4,191)
Fish/shellfish	(8,942)	Metal products	(3,656)
Petroleum products	(5,197)	Petroleum products	(2,531)
Total	(104,800)	Total	(77,193)

Source: *Sekai Kokusei-zue 2017/18*

Note: Figures in parentheses represent exports/imports in US$ million.

Japan and the World—16

Q18 From ①-④ below choose the statement that best describes the rule of law. **25**

① It leads to the notion that the law is supreme ("a bad law is still a law") and is sometimes tied to totalitarianism.

② It holds that laws are not bound by customs or precedents because the provisions of laws have to be codified.

③ It is the concept that laws must be obeyed by not only the people who are governed, but also those who govern.

④ It emphasizes the formality of the law-making process and does not question the substantial rightfulness of the laws themselves.

Q19 As modern states matured, they came to be expected to play an active role in guaranteeing a minimum standard of living for the people, such as the improvement of education and social security. From ①-④ below choose the term that best expresses this concept of the state. **26**

① welfare state

② night-watchman state

③ sovereign state

④ nation state

Q20 The Public Offices Election Act prescribes public elections and election campaigns in Japan. This act has been amended from time to time in response to declines in voter turnout and to changes in the social environment. From ①-④ below choose the statement that does **not** correctly describe these amendments. 27

① An early voting system, which allows voting before the election day, was established.
② The embargo on campaigns via the Internet was partially lifted.
③ The voting age was lowered from 20 to 18.
④ The embargo on canvassing, the practice of directly soliciting votes through visits to homes and businesses, was lifted.

Q21 One of the important liberties guaranteed by modern constitutions is personal liberty. From ①-④ below choose the passage from the Constitution of Japan that does **not** represent a guarantee of personal liberty. 28

① Academic freedom is guaranteed.
② The infliction of torture by any public officer and cruel punishments are absolutely forbidden.
③ No person shall be arrested or detained without being at once informed of the charges against him or without the immediate privilege of counsel.
④ No person shall be held in bondage of any kind. Involuntary servitude, except as punishment for crime, is prohibited.

Q22 From ①-④ below choose the statement that best describes a basic principle of the Constitution of Japan. **29**

① The Constitution sets forth respect for fundamental human rights, but it does not have any provisions concerning social rights.

② In accordance with the principle of pacifism, the Constitution renounces war.

③ In accordance with the principle of federalism, the Constitution limits the role of the state to diplomacy and national defense.

④ In accordance with the principle of popular sovereignty, the Constitution provides the framework for a political system based on direct democracy.

Q23 The Constitution of Japan establishes the independence of the judiciary so that judges can conduct fair trials in accordance with the law. From ①-④ below choose the statement that best describes judicial independence in Japan. **30**

① In order that courts can be democratically governed, all judges are subject to popular review.

② No disciplinary action against judges can be administered by any executive organ or agency.

③ The judges of the inferior courts are appointed by the Supreme Court from a list of persons nominated by the Cabinet.

④ Extraordinary tribunals such as administrative tribunals and courts-martial can be established only by the Supreme Court.

Q24 From ①-④ below choose the statement that best describes a feature of local government in Japan. [31]

① The expenditures of local governments are funded only by their own financial resources, such as local taxes and local government bonds.
② The local head executive is elected by vote by the local assembly, which serves as the legislative organ.
③ Town-planning decisions and other such administrative affairs independently carried out by a local government are called "statutory entrusted affairs" (*houtei jutaku jimu*).
④ Petitions for the enactment of bylaws or dissolution of a local assembly can be made if a certain number of signatures are collected from voters.

Q25 A large-scale democratization movement that began in Tunisia in 2010 inspired similar movements in neighboring countries. From ①-④ below choose the answer that best indicates the name given to these democratization movements. [32]

① perestroika
② Zionism
③ Arab Spring
④ Velvet Revolution

Q26 Read the following statement and from ①-④ below choose the number that correctly fills blank a in the statement. **33**

The United Nations Convention on the Law of the Sea, which was adopted in 1982, gives coastal states the right to establish the breadth of their territorial sea up to a limit not exceeding a nautical miles, measured from baselines.

① 6
② 12
③ 24
④ 200

Q27 The Scramble for Africa by European powers, which began in earnest in the 1880s, created conflict among those powers. To deal with this conflict, the principles of partitioning were affirmed at an international conference that was held from 1884 to 1885 in the capital of a country that was not actively involved in the colonization of Africa and was aiming to ensure its security in continental Europe. From ①-④ below choose the answer that correctly indicates the city where this conference was held. **34**

① Berlin
② Paris
③ Vienna
④ London

Q28 From ①-④ below choose the statement that best describes the background of the emergence of nationalist movements in India following World War I. 　35　

① During World War I the UK pledged to grant autonomy to India, but it did not give substantial autonomy after the war.

② During World War I France pledged to grant autonomy to India, but it did not give substantial autonomy after the war.

③ After putting down a major rebellion in India during World War I, the UK took direct control of India after the war.

④ After putting down a major rebellion in India during World War I, France took direct control of India after the war.

Q29 Items A-D below are events that took place in the period from the end of World War I to the outbreak of World War II. From ①-④ below choose the answer that correctly arranges these events in chronological order. 　36　

A: conclusion of the Kellogg-Briand Pact
B: establishment of the Weimar Constitution
C: occupation of the Ruhr by France
D: invasion of Poland by Germany

① A → C → D → B
② B → C → A → D
③ C → A → B → D
④ D → A → B → C

Q30 From ①-④ below choose the statement that best describes the countries that came to be called a "third force" during the Cold War. |37|

① They were socialist countries politically opposed to the USSR.
② They were capitalist countries critical of the USA's hegemony.
③ They were nonaligned countries that sided with neither the West nor the East.
④ They were affluent countries with abundant natural resources, but they restricted the political rights of their people.

Q31 From ①-④ below choose the statement that best describes the Hungarian Uprising of 1956. |38|

① The Hungarian Prime Minister was assassinated, and the resulting chaos spread to neighboring countries.
② Hungary experienced a rash of strikes, and an independent self-governing labor union called "Solidarity" emerged and won a Lower House election.
③ Movements for democratization and the withdrawal of the USSR military in Hungary were suppressed by the USSR's military intervention.
④ Budapest had been divided into East and West, and a steady stream of asylum seekers to the West led to shootings by the USSR's military.

The end of the questions for Japan and the World. Leave answer spaces |39| − |60| blank.

Do not take this question booklet out of the room.

2017 Examination for Japanese University Admission for International Students

Mathematics (80 min.)

【Course 1 (Basic), Course 2 (Advanced)】

※ Choose **one** of these courses and answer its questions only.

I Rules of Examination
1. Do not leave the room without proctor's permission.
2. Do not take this question booklet out of the room.

II Instructions for the Question Booklet
1. Do not open this question booklet until instructed.
2. After being instructed, write your name and examination registration number in space provided below, as printed on your examination voucher.
3. Course 1 is on pages 1–13, and Course 2 is on pages 15–27.
4. If your question booklet is missing any pages, raise your hand.
5. You may write notes and calculations in the question booklet.

III Instructions for how to answer the questions
1. You must mark your answers on the answer sheet with an HB pencil.
2. Each letter **A**, **B**, **C**, ⋯ in the questions represents a numeral (from 0 to 9) or the minus sign (−). When you mark your answers, fill in the oval completely for each letter in the corresponding row of the answer sheet (mark-sheet).
3. Sometimes an answer such as $\boxed{A}$ or $\boxed{BC}$ is used later in the question. In such a case, the symbol is shaded when it is used later, as $\boxed{A}$ or $\boxed{BC}$.

Note the following:

(1) Reduce square roots ($\sqrt{}$) as much as possible.
 (Example: Express $\sqrt{32}$ as $4\sqrt{2}$, not as $2\sqrt{8}$ or $\sqrt{32}$.)

(2) For fractions, attach the minus sign to the numerator, and reduce the fraction to its lowest terms.
 (Example: Substitute $\frac{1}{3}$ for $\frac{2}{6}$. Also simplify as follows:
 $-\frac{2}{\sqrt{6}} = \frac{-2\sqrt{6}}{6} = \frac{-\sqrt{6}}{3}$. Then apply $\frac{-\sqrt{6}}{3}$ to the answer.)

(3) If your answer to $\frac{\boxed{A}\sqrt{\boxed{B}}}{\boxed{C}}$ is $\frac{-\sqrt{3}}{4}$, mark as shown below.

(4) If the answer to $\boxed{DE}\,x$ is $-x$, mark "−" for **D** and "1" for **E** as shown below.

A	● ⓪ ① ② ③ ④ ⑤ ⑥ ⑦ ⑧ ⑨
B	⊖ ⓪ ① ② ● ④ ⑤ ⑥ ⑦ ⑧ ⑨
C	⊖ ⓪ ① ② ③ ● ⑤ ⑥ ⑦ ⑧ ⑨
D	● ⓪ ① ② ③ ④ ⑤ ⑥ ⑦ ⑧ ⑨
E	⊖ ⓪ ● ② ③ ④ ⑤ ⑥ ⑦ ⑧ ⑨

4. Carefully read the instructions on the answer sheet, too.

※ Once you are instructed to start the examination, fill in your examination registration number and name.

Examination registration number		*			*				
Name									

Mathematics Course 1
(Basic Course)

(Course 2 begins on page 15)

Marking Your Choice of Course on the Answer Sheet

Choose to answer <u>either</u> Course 1 or Course 2.

If you choose Course 1, for example, circle the label "Course 1" and completely fill in the oval under the label on your answer sheet as shown in the example on the right.

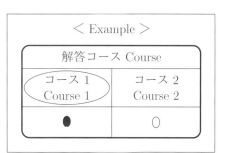

<u>If you do not correctly fill in the appropriate oval, your answers will not be graded.</u>

Mathematics—2

Q 1 The quadratic function $f(x) = 2x^2 + ax - 1$ in x satisfies

$$f(-1) \geq -3, \quad f(2) \geq 3. \quad \cdots\cdots\cdots ①$$

Let us consider the minimum value m of $f(x)$.

(1) m can be expressed in terms of a as

$$m = -\frac{\boxed{A}}{\boxed{B}} a^2 - \boxed{C}.$$

(2) The range of the values of a such that $f(x)$ satisfies condition ① is

$$\boxed{DE} \leq a \leq \boxed{F}.$$

(3) The value of m is maximized when the axis of symmetry of the graph of $y = f(x)$ is the straight line $x = \boxed{G}$, and then the value of m is $\boxed{HI}$.

(4) The value of m is minimized when the axis of symmetry of the graph of $y = f(x)$ is the straight line $x = \boxed{JK}$, and then the value of m is $\boxed{LM}$.

- memo -

Q 2 A triangle ABC is drawn on a plane, and a ball is placed on vertex A. A dice is rolled, and the ball is moved according to the following rules:

(i) when the ball is on A, if the number on the dice is 1 the ball is moved to B, otherwise it stays on A;

(ii) when the ball is on B, if the number on the dice is less than or equal to 4 the ball is moved to C, otherwise it stays on B.

If the ball is moved to C, the trials are stopped.

We are to find the probability that the ball is moved to C within 4 rolls of the dice.

(1) The probability that the ball is moved to C on the second roll of the dice is $\dfrac{1}{\boxed{\text{N}}}$.

(2) The probability that the ball is moved to C on the third roll of the dice is $\dfrac{\boxed{\text{O}}}{\boxed{\text{PQ}}}$.

(3) The probability that the ball is moved to C on the fourth roll of the dice is $\dfrac{\boxed{\text{RS}}}{\boxed{\text{TUV}}}$.

Therefore, the probability that the ball is moved to C within 4 rolls of the dice is $\dfrac{\boxed{\text{WX}}}{\boxed{\text{YZ}}}$.

- memo -

This is the end of the questions for Part I.

Mathematics—6

II

Q 1 Let a and b be rational numbers and let p be a real number. Consider the quadratic equation

$$x^2 + ax + b = 0 \quad \cdots\cdots\cdots \quad ①$$

which has a solution $x = \dfrac{\sqrt{5}+3}{\sqrt{5}+2}$, and consider the inequality

$$x + 1 < 2x + p + 3. \quad \cdots\cdots\cdots \quad ②$$

(1) First, we are to find the values of a and b.

When we rationalize the denominator of $x = \dfrac{\sqrt{5}+3}{\sqrt{5}+2}$, we have

$$x = \sqrt{\boxed{A}} - \boxed{B}.$$

Since this is a solution of equation ①, by substituting this in ① we have

$$-a + b + \boxed{C} + (a - \boxed{D})\sqrt{\boxed{E}} = 0.$$

Hence we see that

$$a = \boxed{F} \quad \text{and} \quad b = \boxed{GH}.$$

(2) Next, we are to find the smallest integer p such that both solutions of equation ① satisfy inequality ②.

When we solve inequality ②, we have

$$x > -p - \boxed{I}.$$

Since both solutions of equation ① satisfy this, we see that

$$p > \sqrt{\boxed{J}} - \boxed{K}.$$

Hence the smallest integer p is $\boxed{L}$.

- memo -

Mathematics—8

Q 2 Consider the quadratic function

$$f(x) = \frac{3}{4}x^2 - 3x + 4.$$

Let a and b be real numbers satisfying $0 < a < b$ and $2 < b$. We are to find the values of a and b such that the range of the values of the function $y = f(x)$ on $a \leq x \leq b$ is $a \leq y \leq b$.

Since the equation of the axis of symmetry of the graph of $y = f(x)$ is $x = \boxed{\text{M}}$, we divide the problem into two cases as follows:

(i) $\boxed{\text{M}} \leq a$;

(ii) $0 < a < \boxed{\text{M}}$.

In the case of (i), since the values of $f(x)$ increase with x on $a \leq x \leq b$, the equations $f(a) = a$ and $f(b) = b$ have to be satisfied. By solving these, we obtain $a = \dfrac{\boxed{\text{N}}}{\boxed{\text{O}}}$ and $b = \boxed{\text{P}}$. However, this a does not satisfy (i).

In the case of (ii), since the minimum value of $f(x)$ on $a \leq x \leq b$ is $\boxed{\text{Q}}$, we have

$$a = \boxed{\text{R}}.$$

This satisfies (ii).

Then since $f(a) = \dfrac{\boxed{\text{S}}}{\boxed{\text{T}}} < b$, we have $f(b) = b$. Hence, we obtain

$$b = \boxed{\text{U}}.$$

- memo -

III

Consider four natural numbers a, b, c and d satisfying $1 < a < b < c < d$. Suppose that two sets using these numbers, $A = \{a, b, c, d\}$ and $B = \{a^2, b^2, c^2, d^2\}$, satisfy the following two conditions:

(i) Just two elements belong to the intersection $A \cap B$, and the sum of these two elements is greater than or equal to 15, and less than or equal to 25.

(ii) The sum of all the elements belonging to the union $A \cup B$, is less than or equal to 300.

We are to find the values of a, b, c and d.

First, set $A \cap B = \{x, y\}$, where $x < y$. Since $x \in B$ and $y \in B$, it follows from (i) that $y = \boxed{AB}$ and that x is either $\boxed{C}$ or $\boxed{D}$. (Write the answers in the order $\boxed{C} < \boxed{D}$.) Here, when we consider (ii), we see that $x = \boxed{E}$. Hence A includes the elements $\boxed{F}$, $\boxed{F}^2$ and $\boxed{F}^4$.

Furthermore, when we denote the remaining element of A by z, from (ii) we see that z satisfies

$$z^2 + z \leqq \boxed{GH}.$$

Hence we have $z = \boxed{I}$.

From the above we obtain

$$a = \boxed{J}, \quad b = \boxed{K}, \quad c = \boxed{L} \quad \text{and} \quad d = \boxed{MN}.$$

- memo -

This is the end of the questions for Part III. Leave the answer spaces O ~ Z of Part III blank.

IV

Let the lengths of the three sides of the triangle ABC be AB = 6, BC = 8 and CA = 4. Let O′ be the center of the circle which passes through the two points B and C and is tangent to the straight line AB. Let O be the center of the circle circumscribed about triangle ABC. We are to find the length of the line segment OO′.

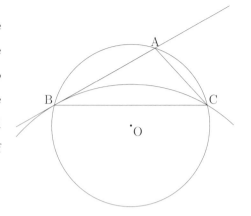

(1) First, we have $\cos \angle ABC = \dfrac{\boxed{A}}{\boxed{B}}$ and $\sin \angle ABC = \dfrac{\sqrt{\boxed{CD}}}{\boxed{E}}$.

(2) The radius of the circle circumscribed about triangle ABC is $\dfrac{\boxed{FG}\sqrt{\boxed{HI}}}{\boxed{JK}}$.

(3) When the intersection point of the straight line OO′ and the side BC is denoted by D, we have

$$OD = \dfrac{\boxed{L}\sqrt{\boxed{MN}}}{\boxed{OP}} \quad \text{and} \quad O'D = \dfrac{\boxed{QR}\sqrt{\boxed{ST}}}{\boxed{UV}}.$$

Thus we have $OO' = \dfrac{\boxed{W}\sqrt{\boxed{XY}}}{\boxed{Z}}$.

- memo -

This is the end of the questions for Part IV.

This is the end of the questions for Course 1. Leave the answer spaces for Part V blank.

Please check once more that you have properly marked your course number as "Course 1" on your answer sheet.

Do not take this question booklet out of the room.

Mathematics Course 2
(Advanced Course)

Marking Your Choice of Course on the Answer Sheet

Choose to answer <u>either</u> Course 1 or Course 2.

If you choose Course 2, for example, circle the label "Course 2" and completely fill in the oval under the label on your answer sheet as shown in the example on the right.

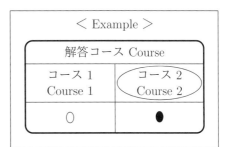

<u>If you do not correctly fill in the appropriate oval, your answers will not be graded.</u>

I

Q 1   The quadratic function $f(x) = 2x^2 + ax - 1$ in x satisfies

$$f(-1) \geq -3, \quad f(2) \geq 3. \quad \cdots\cdots\cdots \quad ①$$

Let us consider the minimum value m of $f(x)$.

(1) m can be expressed in terms of a as

$$m = -\frac{\boxed{A}}{\boxed{B}} a^2 - \boxed{C}.$$

(2) The range of the values of a such that $f(x)$ satisfies condition ① is

$$\boxed{DE} \leq a \leq \boxed{F}.$$

(3) The value of m is maximized when the axis of symmetry of the graph of $y = f(x)$ is the straight line $x = \boxed{G}$, and then the value of m is $\boxed{HI}$.

(4) The value of m is minimized when the axis of symmetry of the graph of $y = f(x)$ is the straight line $x = \boxed{JK}$, and then the value of m is $\boxed{LM}$.

- memo -

Mathematics—18

Q 2 A triangle ABC is drawn on a plane, and a ball is placed on vertex A. A dice is rolled, and the ball is moved according to the following rules:

(i) when the ball is on A, if the number on the dice is 1 the ball is moved to B, otherwise it stays on A;

(ii) when the ball is on B, if the number on the dice is less than or equal to 4 the ball is moved to C, otherwise it stays on B.

If the ball is moved to C, the trials are stopped.

We are to find the probability that the ball is moved to C within 4 rolls of the dice.

(1) The probability that the ball is moved to C on the second roll of the dice is $\dfrac{1}{\boxed{N}}$.

(2) The probability that the ball is moved to C on the third roll of the dice is $\dfrac{\boxed{O}}{\boxed{PQ}}$.

(3) The probability that the ball is moved to C on the fourth roll of the dice is $\dfrac{\boxed{RS}}{\boxed{TUV}}$.

Therefore, the probability that the ball is moved to C within 4 rolls of the dice is $\dfrac{\boxed{WX}}{\boxed{YZ}}$.

- memo -

This is the end of the questions for Part I.

II

Q 1 We are to find the general term a_n of the sequence $\{a_n\}$ which is determined by the recurrence formula

$$a_1 = 18, \quad a_{n+1} - 12a_n + 3^{n+2} = 0 \quad (n = 1, 2, 3, \cdots).$$

When we define a sequence $\{b_n\}$ by

$$b_n = \frac{a_n}{\boxed{A}^n} \quad (n = 1, 2, 3, \cdots),$$

$\{b_n\}$ satisfies

$$b_1 = \boxed{B}, \quad b_{n+1} - \boxed{C} b_n + \boxed{D} = 0 \quad (n = 1, 2, 3, \cdots).$$

This recurrence formula can be transformed into

$$b_{n+1} - \boxed{E} = \boxed{F} \left(b_n - \boxed{E} \right).$$

Next, when we define a sequence $\{c_n\}$ by

$$c_n = b_n - \boxed{E} \quad (n = 1, 2, 3, \cdots),$$

$\{c_n\}$ is a geometric progression such that the first term is $\boxed{G}$ and the common ratio is $\boxed{H}$.

Hence we have

$$a_n = \boxed{I}^n \left(\boxed{J} \cdot \boxed{K}^{n-1} + \boxed{L} \right) \quad (n = 1, 2, 3, \cdots).$$

- memo -

Q 2

As shown in the figure to the right, on an xy-plane whose origin is O, let us consider an isosceles triangle ABC satisfying AB = AC. Furthermore, suppose that side AB passes through P($-1, 5$) and side AC passes through Q($3, 3$).

Let us consider the radius of the inscribed circle of the triangle ABC.

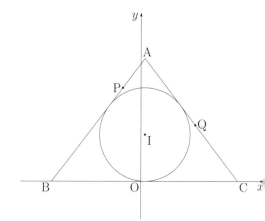

Denote the straight line passing through the two points A and B by ℓ_1 and the straight line passing through the two points A and C by ℓ_2. When we denote the slope of ℓ_1 by a, the equations of ℓ_1 and ℓ_2 are

$$\ell_1: \quad y = ax + a + \boxed{5}_{M},$$

$$\ell_2: \quad y = -ax + \boxed{3}_{N}\,a + \boxed{3}_{O}.$$

Denote the center and the radius of the inscribed circle by I and r, respectively. Then the coordinates of I are $\left(\boxed{1}_{P} - \dfrac{\boxed{1}_{Q}}{a}\,,\ r\right)$.

Hence r can be expressed in terms of a as

$$r = \dfrac{\boxed{2}_{R}\,a + \boxed{4}_{S}}{\boxed{1}_{T} + \sqrt{a^2 + \boxed{1}_{U}}}.$$

In particular, when $r = \dfrac{5}{2}$, the coordinates of vertex A are $\left(\dfrac{\boxed{1}_{V}}{\boxed{4}_{W}}\,,\ \dfrac{\boxed{20}_{XY}}{\boxed{3}_{Z}}\right)$.

- memo -

This is the end of the questions for Part II.

III

We are to find the range of the values of k such that the inequality

$$\frac{\log 3x}{4x+1} \leqq \log\left(\frac{2kx}{4x+1}\right) \quad \cdots\cdots\cdots \text{①}$$

holds for all positive real numbers x, where log is the natural logarithm.

(1) For $\boxed{\text{A}}$ and $\boxed{\text{B}}$ in the following sentences, choose the correct answer from among ⓪ ~ ⑧ below.

By transforming inequality ① we obtain
$$\log k \geqq \boxed{\text{A}}. \quad \cdots\cdots\cdots \text{②}$$

Here, when the right side of ② is denoted by $g(x)$ and this $g(x)$ is differentiated with respect to x, we have
$$g'(x) = \boxed{\text{B}}.$$

⓪ $\dfrac{\log 3x}{4x+1} - \log(4x+1) - \log 2x$ ① $\dfrac{\log 3x}{4x+1} - \log(4x+1) + \log 2x$

② $\dfrac{\log 3x}{4x+1} + \log(4x+1) + \log 2x$ ③ $\dfrac{\log 3x}{4x+1} + \log(4x+1) - \log 2x$

④ $\dfrac{4\log 3x}{(4x+1)^2}$ ⑤ $\dfrac{3x+2+\log 3x}{(4x+1)^2}$

⑥ $-\dfrac{4\log 3x}{(4x+1)^2}$ ⑦ $\dfrac{3x-2-\log 2x}{(4x+1)^2}$

⑧ $-\dfrac{3\log 2x}{(4x+1)^2}$

(This question is continued on the next page.)

(2) In the following sentences, for $\boxed{E}$, $\boxed{F}$ and $\boxed{G}$, choose the correct answer from among ⓪ ~ ③ below. For the other $\boxed{}$, enter the correct number.

Over the interval $0 < x < \dfrac{\boxed{C}}{\boxed{D}}$, $g(x)$ is $\boxed{E}$ and over the interval $\dfrac{\boxed{C}}{\boxed{D}} < x$, $g(x)$ is $\boxed{F}$. Hence at $x = \dfrac{\boxed{C}}{\boxed{D}}$, $g(x)$ is $\boxed{G}$.

From the above, the range of the value of k such that inequality ① holds for all positive real numbers x is

$$k \geqq \dfrac{\boxed{H}}{\boxed{I}}.$$

⓪ increasing   ① decreasing   ② maximized   ③ minimized

This is the end of the questions for Part $\boxed{\text{III}}$. Leave the answer spaces $\boxed{J}$ ~ $\boxed{Z}$ of Part $\boxed{\text{III}}$ blank.

IV

Consider the following two curves

$$x^2 + y^2 = 1, \qquad \cdots\cdots\cdots ①$$
$$4xy = 1, \qquad \cdots\cdots\cdots ②$$

where $x > 0, y > 0$. We are to find the area S of the region bounded by curve ① and curve ②.

(1) First, let P and Q be the intersection points of curves ① and ②, and let us denote the x-coordinates of P and Q by p and q $(p < q)$, respectively.

From ①, the coordinates (x, y) of the intersection points of curves ① and ② can be expressed as $x = \cos\theta$, $y = \sin\theta$ $\left(0 < \theta < \dfrac{\pi}{2}\right)$. Then from ② we have

$$\sin\boxed{\text{A}}\,\theta = \frac{\boxed{\text{B}}}{\boxed{\text{C}}}.$$

From this we know that

$$\theta = \frac{\boxed{\text{D}}}{\boxed{\text{EF}}}\pi \quad \text{or} \quad \frac{\boxed{\text{G}}}{\boxed{\text{HI}}}\pi.$$

(Write the answers in the order such that $\dfrac{\boxed{\text{D}}}{\boxed{\text{EF}}} < \dfrac{\boxed{\text{G}}}{\boxed{\text{HI}}}$.)

Hence we have

$$p = \cos\frac{\boxed{\text{J}}}{\boxed{\text{KL}}}\pi, \quad q = \cos\frac{\boxed{\text{M}}}{\boxed{\text{NO}}}\pi.$$

(This question is continued on the next page.)

(2) Now we can find the value of S. Since

$$S = \int_p^q \left(\sqrt{1-x^2} - \frac{1}{4x}\right) dx,$$

we have to find the values of

$$I = \int_p^q \sqrt{1-x^2}\, dx, \quad J = \int_p^q \frac{1}{x}\, dx.$$

For I, when we set $x = \cos\theta$ and calculate by substituting it for x in the integral, we have

$$I = \frac{\boxed{P}}{\boxed{Q}} \pi.$$

For J, we have

$$J = \log\left(\boxed{R} + \sqrt{\boxed{S}}\right),$$

where log is the natural logarithm.

From these, we obtain

$$S = \frac{\boxed{P}}{\boxed{Q}} \pi - \frac{\boxed{T}}{\boxed{U}} \log\left(\boxed{R} + \sqrt{\boxed{S}}\right).$$

This is the end of the questions for Part $\boxed{\text{IV}}$.
Leave the answer spaces $\boxed{\text{V}} \sim \boxed{\text{Z}}$ of Part $\boxed{\text{IV}}$ blank.
This is the end of the questions for Course 2. Leave the answer spaces for Part $\boxed{\text{V}}$ blank.

Please check once more that you have properly marked your course number as "Course 2" on your answer sheet.

Do not take this question booklet out of the room.

平成29年度日本留学試験
2017 Examination for Japanese University Admission for International Students

日本語「記述」解答用紙
JAPANESE AS A FOREIGN LANGUAGE "WRITING" ANSWER SHEET

平成29年度日本留学試験

理科 解答用紙
SCIENCE ANSWER SHEET

2017 Examination for Japanese University Admission for International Students

[表 FRONT SIDE]

受験番号 Examinee Registration Number

名前 Name

あなたの受験票と同じかどうか確かめてください。Check that these are the same as your Examination Voucher.

解答科目 Subject
物理 Physics	化学 Chemistry	生物 Biology
○	○	○

この解答用紙のこの面に解答する科目を、1つで囲み、その下のマーク欄をマークしてください。
Circle the name of the subject of the examination you are taking on this side of the sheet, and fill in the oval under it.

(裏面でもう1つの科目を解答してください。)
(Use the reverse side for the other subject.)

注意事項 Note

1. 必ず鉛筆(HB)で記入してください。
   Use a medium soft (HB or No.2) pencil.
2. この解答用紙を汚したり折ったりしてはいけません。
   Do not soil or bend this sheet.
3. マークは下のよい例のように、○わく内を完全にぬりつぶしてください。

   【Marking Examples】
   よい例 Correct: ●
   悪い例 Incorrect: ⊘ ⊗ ○ ◐

4. 訂正する場合はプラスチック消しゴムで完全に消し、消しくずを残してはいけません。
   Erase any unintended marks completely and leave no rubber marks.
5. 解答番号は1から75まであります。問題のあるところまで答えて、あとはマークしないでください。
   Use only necessary rows and leave remaining rows blank.
6. 所定の欄以外には何も書いてはいけません。
   Do not write anything in the margins.
7. この解答用紙はすべて機械で処理しますので、以上の1から6までが守られていないと採点されません。
   The answer sheet will be processed mechanically. Failure to observe instructions above may result in rejection from evaluation.

平成29年度日本留学試験

2017 Examination for Japanese University Admission for International Students

理 科 解 答 用 紙
SCIENCE ANSWER SHEET

数 学　MATHEMATICS

平成29年度日本留学試験
2017 Examination for Japanese University Admission for International Students

数 学　解 答 用 紙
MATHEMATICS ANSWER SHEET

【裏 REVERSE SIDE】

平成29年度
日本留学試験（第2回）

参考資料

The Reference Data

平成29年度(2017年度)日本留学試験実施要項

1．目　的
　外国人留学生として，我が国の大学（学部）等に入学を希望する者について，日本語力及び基礎学力の評価を行う。

2．実施者
　独立行政法人日本学生支援機構が，文部科学省，外務省，大学及び国内外の関係機関の協力を得て実施する。

3．試験の方法，内容等
(1) 対　　象：外国人留学生として，我が国の大学等に入学を希望する者
(2) 試　験　日：第1回　平成29年(2017年) 6月18日(日)
　　　　　　　　第2回　平成29年(2017年)11月12日(日)
(3) 実　施　地：国　内　北海道，宮城県，群馬県，埼玉県，千葉県，東京都，神奈川県，石川県又は富山県，静岡県，愛知県，京都府，大阪府，兵庫県，岡山県又は広島県，福岡県及び沖縄県

　　　　　　　　国　外　インド（ニューデリー），インドネシア（ジャカルタ及びスラバヤ），韓国（ソウル及びプサン），シンガポール，スリランカ（コロンボ），タイ（バンコク），台湾（台北），フィリピン（マニラ），ベトナム（ハノイ及びホーチミン），香港，マレーシア（クアラルンプール），ミャンマー（ヤンゴン），モンゴル（ウランバートル）及びロシア（ウラジオストク）

(4) 出題科目等
　　受験者は，受験希望の大学等の指定に基づき，以下の科目の中から選択して受験する。

科　目	目　　的	時　間	得点範囲
日本語	日本の大学等での勉学に対応できる日本語力（アカデミック・ジャパニーズ）を測定する。	125分	読解 聴解・聴読解 0〜400点 記述 0〜50点
理　科	日本の大学等の理系学部での勉学に必要な理科(物理・化学・生物)の基礎的な学力を測定する。	80分	0〜200点
総合科目	日本の大学等での勉学に必要な文系の基礎的な学力，特に思考力，論理的能力を測定する。	80分	0〜200点
数　学	日本の大学等での勉学に必要な数学の基礎的な学力を測定する。	80分	0〜200点

［備考］
① 日本語の科目は，記述，読解，聴解・聴読解の3領域から構成される。
② 理科について，受験者は，受験希望の大学等の指定に基づき，物理・化学・生物から2科目を選択する。
③ 数学について，受験者は，受験希望の大学等の指定に基づき，文系学部及び数学を必要とする程度が比較的少ない理系学部用のコース1，数学を高度に必要とする学部用のコース2のどちらかを選択する。
④ 理科と総合科目を同時に選択することはできない。
⑤ 上記の得点範囲は，日本語の科目の記述を除き，素点ではなく，共通の尺度上で表示する。また，記述については基準に基づき採点する。
⑥ 出題範囲は，各科目のシラバスを参照のこと。

(5) 出題言語：日本語及び英語により出題するので，受験者は，受験希望の大学等の指定を踏まえて，出願の際にどちらかを申告する（日本語の科目は日本語による出題のみ）。

(6) 解答方式：多肢選択方式（マークシート）（日本語の科目は記述式を含む。）

4．出願の手続き等
(1) 出願手続き
① 願　　書：所定のもの
② 受　験　料：国　内　（1科目のみの受験者）　　　　6,130円（税込み）
　　　　　　　　　　　（2科目以上の受験者）　　　　12,260円（税込み）
　　　　　　　国　外　インド　　　　　　　　　　　　800ルピー
　　　　　　　　　　　インドネシア　　　　　　　　50,000ルピア
　　　　　　　　　　　韓国（1科目のみの受験者）　　40,000ウォン
　　　　　　　　　　　　　（2科目以上の受験者）　　65,000ウォン
　　　　　　　　　　　シンガポール　　　　　　　　　36シンガポールドル
　　　　　　　　　　　スリランカ　　　　　　　　　1,000スリランカルピー
　　　　　　　　　　　タイ　　　　　　　　　　　　　300バーツ
　　　　　　　　　　　台湾（1科目のみの受験者）　　1,200台湾ドル
　　　　　　　　　　　　　（2科目以上の受験者）　　1,600台湾ドル
　　　　　　　　　　　フィリピン　　　　　　　　　　250ペソ
　　　　　　　　　　　ベトナム　　　　　　　　　130,000ドン
　　　　　　　　　　　香港（1科目のみの受験者）　　400香港ドル
　　　　　　　　　　　　　（2科目以上の受験者）　　750香港ドル
　　　　　　　　　　　マレーシア　　　　　　　　　　60リンギット
　　　　　　　　　　　ミャンマー　　　　　　　　　　15米ドル
　　　　　　　　　　　モンゴル　　　　　　　　　14,000トゥグルグ
　　　　　　　　　　　ロシア　　　　　　　　　　　　300ルーブル

③　受付期間：国　内　（第1回）　平成29年（2017年）2月13日（月）から3月10日（金）
　　　　　　　　　　　　　　　　　　　まで（3月10日消印有効）
　　　　　　　　　　　　　　（第2回）　平成29年（2017年）7月3日（月）から7月28日（金）
　　　　　　　　　　　　　　　　　　　まで（7月28日消印有効）
　　　　　　　　　　　国　外　国内と同じ。
　　　④　出　　願：国　内　独立行政法人日本学生支援機構留学生事業部留学試験課に提
　　　　　　　　　　　　　　出する。
　　　　　　　　　　　国　外　各国・地域の現地機関に提出する。
(2)　受験案内
　　　出願手続き等の細目については，「平成29年度（2017年度）日本留学試験受験案内」
　　により公表する。
　　　販売の方法：国　内　平成29年(2017年)2月13日（月）から1部本体486円＋消費税
　　　　　　　　　　　　　で全国の主要書店において販売予定
　　　　　　　　　国　外　各国・地域の現地機関と調整のうえ，決定する。
(3)　受験票の送付
　　　国　内：願書を受理したものについて，次に掲げる期日（予定）に発送する。
　　　　　　　第1回　平成29年（2017年）5月19日（金）
　　　　　　　第2回　平成29年（2017年）10月20日（金）
　　　国　外：各国・地域の現地機関と調整のうえ，決定する。
　　　［備考］受験票，結果の通知の発送料については，受験案内等で公表する。

5．結果の通知等
(1)　受験者への通知
　　　次に掲げる期日（予定）に，試験の成績を通知する。
　　　　第1回　平成29年（2017年）7月21日（金）
　　　　第2回　平成29年（2017年）12月19日（火）
(2)　大学等への通知
　　　第1回については7月下旬から，第2回については12月下旬から，大学等からの成
　　績照会への対応を開始する。

　　　　　　　照会先：独立行政法人日本学生支援機構　留学生事業部留学試験課
　　　　　　　　　　　〒153-8503　東京都目黒区駒場4－5－29
　　　　　　　　　　　電話：03－6407－7457　　FAX：03－6407－7462
　　　　　　　　　　　E-Mail：eju@jasso.go.jp

平成29年度日本留学試験(第2回)実施地別応募者数・受験者数一覧(国内・国外)

実施国・地域	実施都道府県・都市	応募者数（人）	受験者数（人）
日本	北海道	98	86
	宮　城	370	337
	群　馬	86	66
	埼　玉	580	475
	千　葉	610	489
	東　京	13,710	11,160
	神奈川	544	432
	富　山	76	66
	静　岡	323	270
	愛　知	781	674
	京　都	1,098	974
	大　阪	2,223	1,871
	兵　庫	464	388
	広　島	537	476
	福　岡	1,955	1,647
	沖　縄	30	27
国内小計		23,485	19,438
インド	ニューデリー	262	119
インドネシア	ジャカルタ	328	237
	スラバヤ	77	54
韓　国	ソウル	2,752	2,292
	プサン	687	601
シンガポール		14	10
スリランカ	コロンボ	17	13
タ　イ	バンコク	207	138
台　湾	台　北	283	240
フィリピン	マニラ	28	15
ベトナム	ハノイ	127	98
	ホーチミン	80	67
香　港		211	168
マレーシア	クアラルンプール	202	198
ミャンマー	ヤンゴン	37	26
モンゴル	ウランバートル	294	257
ロ　シ　ア	ウラジオストク	10	7
国外小計		5,616	4,540
総合計		29,101	23,978

平成29年度日本留学試験(第2回)試験会場一覧

国・地域	都道府県又は都市	試験会場
日本	北海道	北海道大学 札幌キャンパス
	宮城	東北大学 川内北キャンパス
	群馬	高崎健康福祉大学
	埼玉	埼玉大学
	千葉	千葉大学 西千葉キャンパス
	東京	専修大学 神田キャンパス
		拓殖大学 文京キャンパス
		東京大学教養学部 駒場キャンパス
		東京家政大学 板橋キャンパス
		日本大学 文理学部
		武蔵野大学 有明キャンパス
		明治大学 駿河台キャンパス
		目白大学 新宿キャンパス
		東京外国語大学 府中キャンパス
		和光大学
	神奈川	横浜国立大学 常盤台キャンパス
	富山	富山県立大学
	静岡	日本大学国際関係学部 三島校舎
	愛知	名古屋工業大学 御器所キャンパス
	京都	京都ノートルダム女子大学
		明治国際医療大学
	大阪	大阪大学 豊中キャンパス
	兵庫	兵庫県立大学 神戸商科キャンパス
	広島	尾道市立大学
	福岡	九州共立大学
		九州産業大学
	沖縄	琉球大学 千原キャンパス
インド	ニューデリー	Sri Venkateswara College, Delhi
インドネシア	ジャカルタ	インドネシア大学DEPOKキャンパス
	スラバヤ	Pusat Bahasa Universitas Negeri Surabaya
韓国	ソウル	龍山高等学校
		石村中学校
		蚕室高等学校
	プサン	慶南工業高等学校
シンガポール		シンガポール日本文化協会
スリランカ	コロンボ	スリランカ日本文化センター(ササカワホール)
タイ	バンコク	タイ国元日本留学生協会(OJSAT)
台湾	台北	語言訓練測験中心
フィリピン	マニラ	デ・ラ・サール大学セント・ベニール校
ベトナム	ハノイ	ハノイ貿易大学(ベトナム日本人材協力センター)
	ホーチミン	ホーチミン市社会科学人文大学
香港		中華基督教會銘賢書院
マレーシア	クアラルンプール	KDU College Sdn Bhd
ミャンマー	ヤンゴン	ミャンマー元日本留学生協会(MAJA)
モンゴル	ウランバートル	モンゴル・日本センター
		モンゴル国立大学
ロシア	ウラジオストク	極東連邦総合大学

日本語シラバス

＜試験の目的＞

　この試験は，日本の高等教育機関（特に大学学部）に，外国人留学生として入学を希望する者が，大学等での勉学・生活において必要となる言語活動に，日本語を用いて参加していくための能力をどの程度身につけているか，測定することを目的とする。

日本語シラバス

I 試験の構成

この試験は，理解に関わる能力を問う領域（読解，聴解，聴読解）と，産出に関わる能力を問う領域（記述）からなる。

II 各領域の概要

1．読解，聴解，聴読解領域

　読解は，主として文章によって出題されるが，文章以外の視覚情報（図表や箇条書きなど）が提示されることもある。聴解は，すべて音声によって出題され，聴読解は，音声と視覚情報（図表や文字情報）によって出題される。

(1) 問われる能力
　　読解，聴解，聴読解領域では，文章や談話音声などによる情報を理解し，それらの情報の関係を把握し，また理解した情報を活用して論理的に妥当な解釈を導く能力が問われる。具体的には以下のような能力が問われる。

① 直接的理解能力：
　　言語として明確に表現されていることを，そのまま理解することができるかを問う。たとえば，次のようなことが問われる。
　・個々の文・発話内で表現されている内容を，正確に理解することができるか
　・文章・談話全体の主題・主旨を，的確にとらえることができるか

② 関係理解能力：
　　文章や談話で表現されている情報の関係を理解することができるかを問う。たとえば，次のようなことが問われる。
　・文章・談話に含まれる情報のなかで，重要な部分，そうでない部分を見分けることができるか
　・文章・談話に含まれる情報がどういう関係にあるかを理解することができるか
　・異なる形式・媒体（音声，文字，図表など）で表現されている情報を比較・対照することができるか

③ 情報活用能力：
　　理解した情報を活用して論理的に妥当な解釈が導けるかを問う。たとえば，次のようなことが問われる。
　・文章・談話の内容を踏まえ，その結果や帰結などを導き出すことができるか

- 文章・談話で提示された具体的事例を一般化することができるか
- 文章・談話で提示された一般論を具体的事例に当てはめることができるか
- 異なる形式・媒体（音声，文字，図表など）で表現された情報同士を相補的に組み合わせて妥当な解釈が導けるか

(2) 出題される文章や談話の種類

　(1)で挙げられた能力は，大学等での勉学・生活の場において理解が必要となる文章や談話を題材として問われる。具体的には以下のような文章・談話である。

読解
- 説明文
- 論説文
- （大学等での勉学・生活にかかわる）実務的・実用的な文書／文章　など

聴解，聴読解
- 講義，講演
- 演習や調査活動に関わる発表，質疑応答および意見交換
- 学習上または生活上の相談ならびに指導，助言
- 実務的・実用的な談話　など

2．記述領域

(1) 問われる能力

　記述領域では，「与えられた課題の指示に従い，自分自身の考えを，根拠を挙げて筋道立てて書く」ための能力が問われる。具体的には以下のようなことが問われる。

- 与えられた課題の内容を正確に理解し，その内容にのっとった主張・結論を提示することができるか
- 主張・結論を支えるための，適切かつ効果的な根拠や実例等を提示することができるか
- 主張・結論を導き出すに当たって，一つの視点からだけでなく，多角的な視点から考察をおこなうことができるか
- 主張・結論とそれを支える根拠や実例等を，適切かつ効果的に，また全体としてバランスのとれた構成をなすように配列することができるか
- 高等教育の場において，文章として論述をおこなう際にふさわしい構文・語彙・表現等を，適切かつ効果的に使用できるか

(2) 出題される課題
- 提示された一つまたは複数の考え方について，自分の意見を論じる
- ある問題について現状を説明し，将来の予想や解決方法について論じる　等

基礎学力（理科）シラバス

＜試験の目的＞

　この試験は，外国人留学生として，日本の大学（学部）等に入学を希望する者が，大学等において勉学するに当たり必要とされる理科科目の基礎的な学力を測定することを目的とする。

＜試験の種類＞

　試験は，物理・化学・生物で構成され，そのうちから2科目を選択するものとする。

＜出題の範囲＞

　出題の範囲は，以下のとおりである。なお，小学校・中学校で学ぶ範囲については既習とし，出題範囲に含まれているものとする。出題の内容は，それぞれの科目において，項目ごとに分類され，それぞれの項目は，当該項目の主題又は主要な術語によって提示されている。

物理シラバス

出題範囲は，日本の高等学校学習指導要領の「物理基礎」及び「物理」の範囲とする。

I 力学

1. 運動と力
   (1) 運動の表し方
      位置，変位，速度，加速度，相対運動，落体の運動，水平投射，斜方投射
   (2) さまざまな力
      力，重力，摩擦力，抗力，張力，弾性力，液体や気体から受ける力
   (3) 力のつり合い
      力の合成・分解，力のつり合い
   (4) 剛体にはたらく力のつり合い
      力のモーメント，合力，偶力，剛体のつり合い，重心
   (5) 運動の法則
      ニュートンの運動の3法則，力の単位と運動方程式，単位系と次元
   (6) 摩擦や空気の抵抗を受ける運動
      静止摩擦力，動摩擦力，空気の抵抗と終端速度

2. エネルギーと運動量
   (1) 仕事と運動エネルギー
      仕事の原理，仕事率，運動エネルギー
   (2) 位置エネルギー
      重力による位置エネルギー，弾性力による位置エネルギー
   (3) 力学的エネルギーの保存
   (4) 運動量と力積
      運動量と力積，運動量保存則，分裂と合体
   (5) 衝突
      反発係数（はねかえり係数），弾性衝突，非弾性衝突

3. さまざまな力と運動
   (1) 等速円運動
      速度と角速度，周期と回転数，加速度と向心力，等速でない円運動の向心力
   (2) 慣性力
      慣性力，遠心力
   (3) 単振動
      変位，速度，加速度，復元力，振幅，周期，振動数，位相，角振動数，ばね振り子，単振り子，単振動のエネルギー
   (4) 万有引力
      惑星の運動（ケプラーの法則），万有引力，重力，万有引力の位置エネルギー，力学的エネルギーの保存

II 熱

1．熱と温度

(1) 熱と温度

熱運動，熱平衡，温度，絶対温度，熱量，熱容量，比熱，熱量の保存

(2) 物質の状態

物質の三態，融点，沸点，融解熱，蒸発熱，潜熱，熱膨張

(3) 熱と仕事

熱と仕事，内部エネルギー，熱力学第1法則，不可逆変化，熱機関，熱効率，熱力学第2法則

2．気体の性質

(1) 理想気体の状態方程式

ボイルの法則，シャルルの法則，ボイル・シャルルの法則，理想気体の状態方程式

(2) 気体分子の運動

気体分子の運動と圧力・絶対温度，気体の内部エネルギー，単原子分子，二原子分子

(3) 気体の状態変化

定積変化，定圧変化，等温変化，断熱変化，モル比熱

III 波

1．波

(1) 波の性質

波動，媒質，波源，横波と縦波

(2) 波の伝わり方とその表し方

波形，振幅，周期，振動数，波長，波の速さ，正弦波，位相，波のエネルギー

(3) 重ね合わせの原理とホイヘンスの原理

重ね合わせの原理，干渉，定常波（定在波），ホイヘンスの原理，反射の法則，屈折の法則，回折

2．音

(1) 音の性質と伝わり方

音の速さ，音の反射・屈折・回折・干渉，うなり

(2) 発音体の振動と共振・共鳴

弦の振動，気柱の振動，共振・共鳴

(3) ドップラー効果

ドップラー効果，音源が動く場合，観測者が動く場合，音源と観測者が動く場合

3．光

(1) 光の性質

可視光，白色光，単色光，光と色，スペクトル，分散，偏光

(2) 光の伝わり方

光の速さ，光の反射・屈折，全反射，光の散乱，レンズ，球面鏡

(3) 光の回折と干渉

回折，干渉，ヤングの実験，回折格子，薄膜による干渉，空気層による干渉

Ⅳ 電気と磁気

1．電場

(1) 静電気力

物体の帯電，電荷，電気量，電気量保存の法則，クーロンの法則

(2) 電場

電場，点電荷のまわりの電場，電場の重ね合わせ，電気力線

(3) 電位

静電気力による位置エネルギー，電位と電位差，点電荷のまわりの電位，等電位面

(4) 電場の中の物体

電場中の導体，静電誘導，静電遮蔽，接地，電場中の不導体，誘電分極

(5) コンデンサー

コンデンサー，電気容量，誘電体，コンデンサーに蓄えられる静電エネルギー，コンデンサーの接続

2．電流

(1) 電流

電流，電圧，オームの法則，抵抗と抵抗率，ジュール熱，電力，電力量

(2) 直流回路

抵抗の直列接続と並列接続，電流計，電圧計，キルヒホッフの法則，抵抗率の温度変化，抵抗の測定，電池の起電力と内部抵抗，コンデンサーを含む回路

(3) 半導体

n型半導体，p型半導体，pn接合，ダイオード

3．電流と磁場

(1) 磁場

磁石，磁極，磁気力，磁気量，磁場，磁力線，磁化，磁性体，磁束密度，透磁率，磁束

(2) 電流がつくる磁場

直線電流がつくる磁場，円形電流がつくる磁場，ソレノイドの電流がつくる磁場

(3) 電流が磁場から受ける力

直線電流が磁場から受ける力，平行電流が及ぼし合う力

(4) ローレンツ力

ローレンツ力，磁場中の荷電粒子の運動，ホール効果

4．電磁誘導と電磁波

(1) 電磁誘導の法則

電磁誘導，レンツの法則，ファラデーの電磁誘導の法則，導体が磁場を横切るときの誘導起電力，ローレンツ力と誘導起電力，渦電流

(2) 自己誘導，相互誘導

自己誘導，自己インダクタンス，コイルに蓄えられるエネルギー，相互誘導，相互インダクタンス，変圧器

(3) 交流

交流の発生（交流電圧，交流電流，周波数，位相，角周波数），抵抗を流れる交流，実効値

(4) 交流回路

コイルのリアクタンスと位相差，コンデンサーのリアクタンスと位相差，消費電力，交流回路のインピーダンス，共振回路，振動回路

(5) 電磁波

電磁波，電磁波の発生，電磁波の性質，電磁波の種類

V 原子

1．電子と光

(1) 電子

放電，陰極線，電子，比電荷，電気素量

(2) 粒子性と波動性

光電効果，光子，X線，コンプトン効果，ブラッグ反射，物質波，電子線の干渉と回折

2．原子と原子核

(1) 原子の構造

原子核，水素原子のスペクトル，ボーアの原子模型，エネルギー準位

(2) 原子核

原子核の構成，同位体，原子質量単位，原子量，原子核の崩壊，放射線，放射能，半減期，核反応，核エネルギー

(3) 素粒子

素粒子，4つの基本的力

化学シラバス

出題範囲は，日本の高等学校学習指導要領の「化学基礎」及び「化学」の範囲とする。

I　物質の構成
1．物質の探究
  (1) 純物質と混合物
      元素，同素体，化合物，混合物，混合物の分離，精製
  (2) 物質の状態
      物質の三態（気体，液体，固体），状態変化

2．物質の構成粒子
  (1) 原子構造
      電子，陽子，中性子，質量数，同位体
  (2) 電子配置
      電子殻，原子の性質，周期律・周期表，価電子

3．物質と化学結合
  (1) イオン結合
      イオン結合，イオン結晶，イオン化エネルギー，電子親和力
  (2) 金属結合
      金属結合，自由電子，金属結晶，展性・延性
  (3) 共有結合
      共有結合，配位結合，共有結合の結晶，分子結晶，結合の極性，電気陰性度
  (4) 分子間力
      ファンデルワールス力，水素結合
  (5) 化学結合と物質の性質
      融点・沸点，電気伝導性・熱伝導性，溶解度

4．物質の量的取扱いと化学式
  (1) 物質量など
      原子量，分子量，式量，物質量，モル濃度，質量％濃度，質量モル濃度
  (2) 化学式
      分子式，イオン式，電子式，構造式，組成式（実験式）

II　物質の状態と変化
1．物質の変化
  (1) 化学反応式
      化学反応式の表し方，化学反応の量的関係
  (2) 酸・塩基
      酸・塩基の定義と強弱，水素イオン濃度，pH，中和反応，中和滴定，塩

(3) 酸化・還元
酸化・還元の定義，酸化数，金属のイオン化傾向，酸化剤・還元剤

2．物質の状態と平衡
(1) 状態の変化
分子の熱運動と物質の三態，気体分子のエネルギー分布，絶対温度，沸点，融点，融解熱，蒸発熱
(2) 気体の性質
理想気体の状態方程式，混合気体，分圧の法則，実在気体と理想気体
(3) 溶液の平衡
希薄溶液，飽和溶液と溶解平衡，過飽和，固体の溶解度，気体の溶解度，ヘンリーの法則
(4) 溶液の性質
蒸気圧降下，沸点上昇，凝固点降下，浸透圧，コロイド溶液，チンダル現象，ブラウン運動，透析，電気泳動

3．物質の変化と平衡
(1) 化学反応とエネルギー
化学反応と熱・光，熱化学方程式，反応熱と結合エネルギー，ヘスの法則
(2) 電気化学
電気分解，電極反応，電気エネルギーと化学エネルギー，電気量と物質の変化量，ファラデーの法則
(3) 電池
ダニエル電池や代表的な実用電池（乾電池，鉛蓄電池，燃料電池など）
(4) 反応速度と化学平衡
反応速度と速度定数，反応速度と濃度・温度・触媒，活性化エネルギー，可逆反応，化学平衡及び化学平衡の移動，平衡定数，ルシャトリエの原理
(5) 電離平衡
酸・塩基の強弱と電離度，水のイオン積，弱酸・弱塩基の電離平衡，塩の加水分解，緩衝液

Ⅲ　無機化学
1．無機物質
(1) 典型元素（主要族元素）
各族の代表的な元素の単体と化合物の性質や反応，及び用途
　 1族：水素，リチウム，ナトリウム，カリウム
　 2族：マグネシウム，カルシウム，バリウム
　12族：亜鉛，水銀
　13族：アルミニウム
　14族：炭素，ケイ素，スズ，鉛
　15族：窒素，リン
　16族：酸素，硫黄
　17族：フッ素，塩素，臭素，ヨウ素
　18族：ヘリウム，ネオン，アルゴン

(2) 遷移元素
　　クロム，マンガン，鉄，銅，銀，及びそれらの化合物の性質や反応，及び用途
(3) 無機物質の工業的製法
　　アルミニウム，ケイ素，鉄，銅，水酸化ナトリウム，アンモニア，硫酸など
(4) 金属イオンの分離・分析

２．無機物質と人間生活
　　上記の物質のほか，人間生活に広く利用されている金属やセラミックス
　・代表的な金属の例：チタン，タングステン，白金，ステンレス鋼，ニクロム
　・代表的なセラミックスの例：ガラス，ファインセラミックス，酸化チタン（Ⅳ）

Ⅳ　有機化学

１．有機化合物の性質と反応
(1) 炭化水素
　　アルカン，アルケン，アルキンの代表的な化合物の構造，性質及び反応，石油の成分と利用など
　　構造異性体・立体異性体（シス-トランス異性体，光学異性体（鏡像異性体））
(2) 官能基をもつ化合物
　　アルコール，エーテル，カルボニル化合物，カルボン酸，エステルなど代表的化合物の構造，性質及び反応
　　油脂・セッケンなど
(3) 芳香族化合物
　　芳香族炭化水素，フェノール類，芳香族カルボン酸，芳香族アミンなど代表的な化合物の構造，性質及び反応

２．有機化合物と人間生活
(1) 上記の物質のほか，単糖類，二糖類，アミノ酸など人間生活に広く利用されている有機化合物
　　　［例］グルコース，フルクトース，マルトース，スクロース，グリシン，アラニン
(2) 代表的な医薬品，染料，洗剤などの主な成分
　　　［例］サリチル酸の誘導体，アゾ化合物，アルキル硫酸エステルナトリウム
(3) 高分子化合物
　ⅰ　合成高分子化合物：代表的な合成繊維やプラスチックの構造，性質及び合成
　　　［例］ナイロン，ポリエチレン，ポリプロピレン，ポリ塩化ビニル，ポリスチレン，ポリエチレンテレフタラート，フェノール樹脂，尿素樹脂
　ⅱ　天然高分子化合物：タンパク質，デンプン，セルロース，天然ゴムなどの構造や性質，DNAなどの核酸の構造
　ⅲ　人間生活に広く利用されている高分子化合物
　　　（例えば，吸水性高分子，導電性高分子，合成ゴムなど）の用途，資源の再利用など

生物シラバス

出題範囲は，日本の高等学校学習指導要領の「生物基礎」及び「生物」の範囲とする。

I　生命現象と物質
1．細胞と分子
  (1) 生体物質と細胞
       細胞小器官
       原核細胞と真核細胞
       細胞骨格
  (2) 生命現象とタンパク質
       タンパク質の構造
       タンパク質の働き　　［例］酵素

2．代謝
  (1) 生命活動とエネルギー
       ATPとその役割
  (2) 呼吸　　　［例］解糖系，クエン酸回路，電子伝達系，発酵と解糖
  (3) 光合成　　［例］光化学系Ⅰ，光化学系Ⅱ，カルビン・ベンソン回路，電子伝達系
  (4) 細菌の光合成と化学合成
  (5) 窒素同化

3．遺伝情報とその発現
  (1) 遺伝情報とDNA
       DNAの二重らせん構造
       遺伝子と染色体とゲノム
  (2) 遺伝情報の分配
       体細胞分裂による遺伝情報の分配
       細胞周期とDNAの複製
       DNAの複製のしくみ
  (3) 遺伝情報の発現
       遺伝子の発現のしくみ　　［例］転写，翻訳，スプライシング
       遺伝情報の変化　　　　　［例］遺伝子突然変異
  (4) 遺伝子の発現調節
       転写レベルの調節
       選択的遺伝子発現
       発現調節による細胞分化
  (5) バイオテクノロジー　　［例］遺伝子組換え，遺伝子導入

Ⅱ　生殖と発生
　1．有性生殖
　　(1) 減数分裂と受精
　　　　減数分裂による遺伝子の分配
　　　　受精による多様な遺伝的組み合わせ
　　　　性染色体
　　(2) 遺伝子と染色体
　　　　遺伝子の連鎖と組換え
　　　　染色体の乗換えと遺伝子の組換え

　2．動物の発生
　　(1) 配偶子形成と受精
　　(2) 初期発生の過程
　　(3) 細胞の分化と形態形成

　3．植物の発生
　　(1) 配偶子形成と受精，胚発生
　　(2) 植物の器官の分化　　［例］花の形態形成

Ⅲ　生物の体内環境の維持
　1．体内環境
　　(1) 体液の循環系
　　(2) 体液の成分とその濃度調節
　　(3) 血液凝固のしくみ

　2．体内環境の維持のしくみ
　　(1) 自律神経やホルモンによる調節　　［例］血糖濃度の調節

　3．免疫
　　(1) 免疫で働く細胞
　　(2) 免疫のしくみ

Ⅳ　生物の環境応答
　1．動物の反応と行動
　　(1) 刺激の受容と反応
　　　　受容器とその働き
　　　　効果器とその働き
　　　　神経系とその働き
　　(2) 動物の行動

　2．植物の環境応答
　　(1) 植物ホルモンの働き　　［例］オーキシンの働き，ジベレリンの働き
　　(2) 植物の光受容体の働き　　［例］フィトクロムの働き

V 生態と環境

1．個体群と生物群集
   (1) 個体群
      個体群とその構造
      個体群内の相互作用
      個体群間の相互作用
   (2) 生物群集
      生物群集とその構造

2．生態系
   (1) 生態系の物質生産と物質循環
      ［例］食物網と栄養段階，炭素循環とエネルギーの流れ，窒素循環
   (2) 生態系と生物多様性
      遺伝的多様性
      種多様性
      生態系の多様性
      生態系のバランスと保全
   (3) 植生の多様性と分布　［例］植生の遷移
   (4) 気候とバイオーム

VI 生物の進化と系統

1．生物進化のしくみ
   (1) 生命の起源と生物の変遷
      生命の誕生
      生物の進化
      ヒトの進化
   (2) 進化のしくみ
      個体間の変異（突然変異）
      遺伝子頻度の変化とそのしくみ
      分子進化と中立進化
      種分化
      共進化

2．生物の系統
   (1) 生物の系統による分類　［例］DNA塩基配列の比較
   (2) 高次の分類群と系統

基礎学力（総合科目）シラバス

＜試験の目的＞

　試験科目「総合科目」は，多文化理解の視野からみた現代の世界と日本についてのテーマが中心となる。その目的は，留学生が日本の大学での勉学に必要と考えられる現代日本についての基本的知識をもち，あわせて，近現代の国際社会の基本的問題について論理的に考え，判断する能力があるかを判定することにある。

　具体的には，政治・経済・社会を中心として地理，歴史の各分野から総合的に出題される。出題の範囲は，以下の各分野における項目からなり，それぞれの項目は関連する主要な用語で示されている。

総合科目シラバス

I　政治・経済・社会

1. 現代の社会
   情報社会，少子高齢社会，多文化理解，生命倫理，社会保障と社会福祉，地域社会の変貌，不平等の是正，食料問題，エネルギー問題，環境問題，持続可能な社会

2. 現代の経済
   経済体制，市場経済，価格メカニズム，消費者，景気変動，政府の役割と経済政策，労働問題，経済成長，国民経済，貿易，為替相場，国際収支

3. 現代の政治
   民主主義の原理，日本国憲法，基本的人権と法の支配，国会，内閣，裁判所，議会制民主主義，地方自治，選挙と政治参加，新しい人権

4. 現代の国際社会
   国際関係と国際法，グローバリゼーション，地域統合，国連と国際機構，南北問題，人種・エスニシティ・民族問題，地球環境問題，国際平和と国際協力，日本の国際貢献

II　地理

現代世界の特色と諸課題の地理的考察
   地球儀と地図，距離と方位，空中写真と衛星画像，標準時と時差，地理情報，気候，地形，植生，世界の生活・文化・宗教，資源と産業，人口，都市・村落，交通と通信，自然環境と災害・防災，日本の国土と環境

III　歴史

1. 近代の成立と世界の一体化
   産業革命，アメリカ独立革命，フランス革命，国民国家の形成，帝国主義と植民地化，日本の近代化とアジア

2. 20世紀の世界と日本
   第一次世界大戦とロシア革命，世界恐慌，第二次世界大戦と冷戦，アジア・アフリカ諸国の独立，日本の戦後史，石油危機，冷戦体制の崩壊

基礎学力（数学）シラバス

＜試験の目的＞

この試験は，外国人留学生として，日本の大学（学部）等に入学を希望する者が，大学等において勉学するに当たり必要とされる数学の基礎的な学力を測定することを目的とする。

＜試験の種類＞

数学の試験には，コース1とコース2がある。コース1は，数学をそれほど必要としない学部・学科のための試験であり，コース2は，数学を高度に必要とする学部・学科のための試験である。受験者は，各自の志望する大学の学部・学科の指定に従い，コース1かコース2のどちらか一方を選択する。

＜記号・用語＞

記号は日本の高等学校の標準的な教科書に準拠する。

日本語で出題される試験問題では，日本の高等学校の教科書で通常用いられている用語を使用し，英語で出題される試験問題では，英語の標準的な用語を使用する。

＜出題範囲＞

出題範囲は以下のとおりである。なお，小学校・中学校で学ぶ範囲については既習とし，出題範囲に含まれているものとする。

- コース1の出題範囲は，以下の出題項目のうち1，2，3，4，5，6を範囲とする。
- コース2の出題範囲は，以下の出題項目の1から18までのすべてを範囲とする。

数学シラバス （高等学校学習指導要領との対照つき）

＜出題項目＞
1．数と式… 数学Ⅰ
　(1) 数と集合
　　① 実数
　　② 集合と命題
　(2) 式の計算
　　① 式の展開と因数分解
　　② １次不等式
　　③ 絶対値と方程式・不等式

2．２次関数… 数学Ⅰ
　(1) ２次関数とそのグラフ
　　① ２次関数の値の変化
　　② ２次関数の最大・最小
　　③ ２次関数の決定
　(2) ２次方程式・２次不等式
　　① ２次方程式の解
　　② ２次関数のグラフと２次方程式
　　③ ２次関数のグラフと２次不等式

3．図形と計量… 数学Ⅰ
　(1) 三角比
　　① 正弦，余弦，正接
　　② 三角比の相互関係
　(2) 三角比と図形
　　① 正弦定理，余弦定理
　　② 図形の計量（空間図形への応用を含む）

4．場合の数と確率… 数学A
　(1) 場合の数
　　① 数え上げの原則（集合の要素の個数，和の法則，積の法則を含む）
　　② 順列・組合せ
　(2) 確率とその基本的な性質
　(3) 独立な試行と確率
　(4) 条件付き確率

5．整数の性質… 数学A
　(1) 約数と倍数
　(2) ユークリッドの互除法
　(3) 整数の性質の応用

6．図形の性質… 数学A
　(1) 平面図形
　　　① 三角形の性質
　　　② 円の性質
　(2) 空間図形
　　　① 直線と平面
　　　② 多面体

7．いろいろな式… 数学Ⅱ
　(1) 式と証明
　　　① 整式の除法，分数式，二項定理，恒等式
　　　② 等式と不等式の証明
　(2) 高次方程式
　　　① 複素数と2次方程式の解
　　　② 因数定理
　　　③ 高次方程式の解法と性質

8．図形と方程式… 数学Ⅱ
　(1) 直線と円
　　　① 点の座標
　　　② 直線の方程式
　　　③ 円の方程式
　　　④ 円と直線の関係
　(2) 軌跡と領域
　　　① 軌跡と方程式
　　　② 不等式の表す領域

9．指数関数・対数関数… 数学Ⅱ
　(1) 指数関数
　　　① 指数の拡張
　　　② 指数関数とそのグラフ
　(2) 対数関数
　　　① 対数の性質
　　　② 対数関数とそのグラフ
　　　③ 常用対数

10．三角関数… 数学Ⅱ
　(1) 一般角
　(2) 三角関数とその基本的な性質
　(3) 三角関数とそのグラフ
　(4) 三角関数の加法定理
　(5) 加法定理の応用

11. 微分・積分の考え…数学Ⅱ
   (1) 微分の考え
      ① 微分係数と導関数
      ② 導関数の応用
         接線，関数値の増減（関数の値の変化，最大・最小，極大・極小）
   (2) 積分の考え
      ① 不定積分と定積分
      ② 面積

12. 数列…数学B
   (1) 数列とその和
      ① 等差数列と等比数列
      ② いろいろな数列
   (2) 漸化式と数学的帰納法
      ① 漸化式と数列
      ② 数学的帰納法

13. ベクトル…数学B
   (1) 平面上のベクトル
      ① ベクトルとその演算
      ② ベクトルの内積
   (2) 空間座標とベクトル
      ① 空間座標
      ② 空間におけるベクトル

14. 複素数平面…数学Ⅲ
   (1) 複素数平面
      ① 複素数の図表示
      ② 複素数の極形式
   (2) ド・モアブルの定理
   (3) 複素数と図形

15. 平面上の曲線…数学Ⅲ
   (1) 2次曲線
         放物線，楕円，双曲線
   (2) 媒介変数による表示
   (3) 極座標による表示

16. 極限…数学Ⅲ
   (1) 数列とその極限
      ① 数列の極限
      ② 無限級数の和
   (2) 関数とその極限

① 分数関数と無理関数
② 合成関数と逆関数
③ 関数の極限
④ 関数の連続性

17. 微分法…数学Ⅲ
　(1) 導関数
　　① 関数の和・差・積・商の導関数
　　② 合成関数の導関数，逆関数の導関数
　　③ 三角関数・指数関数・対数関数の導関数
　(2) 導関数の応用
　　　接線，関数値の増減，速度，加速度

18. 積分法…数学Ⅲ
　(1) 不定積分と定積分
　　① 積分とその基本的な性質
　　② 置換積分法・部分積分法
　　③ いろいろな関数の積分
　(2) 積分の応用
　　　面積，体積，長さ

EJU Syllabus for Basic Academic Abilities (Japanese as a Foreign Language)

＜Purpose of the Examination＞

This examination is designed for foreign students who plan to study at Japanese universities and colleges. The purpose of this examination is to measure their ability to communicate in the Japanese language that is required for higher education as well as daily life in Japan.

Syllabus for the Examination on Japanese as a Foreign Language

I Contents of the Examination

This examination consists of two major parts: production (writing) and comprehension (reading comprehension, listening comprehension, and listening & reading comprehension).

II Description of each Section

1. Reading comprehension, listening comprehension, and listening & reading comprehension

   The questions set for the reading comprehension are mainly written texts, and some visual information (graph, chart, list, etc.) may be presented. The questions set for the listening comprehension use only sounds, and the listening & reading comprehension use sounds and visual information (graph, chart, and textual information).

   (1) Abilities tested

   In the sections of reading comprehension, listening comprehension, and listening & reading comprehension, the examination will assess the abilities to understand information in written or spoken text, to comprehend relationships between information, and to infer a logically valid interpretation. The examination include following questions.

   (i) Ability to understand details and the main idea of the text

   This type of question will require the abilities to understand information explicitly expressed in the text. For example, the following abilities will be tested.
   - Understand details of the text.
   - Understand main ideas of the text.

   (ii) Ability to comprehend relationships between information

   This type of question will require the abilities to comprehend the relationships between information expressed in the text. For example, the following abilities will be tested.
   - Distinguish an important part of the text from the rest.
   - Recognize relationships between the information.
   - Compare or contrast information expressed in various forms such as sound, text, graphic, etc.

   (iii) Ability to utilize information

   This type of question will require the abilities to utilize comprehended information in order to infer a logically valid interpretation. For example, the following abilities will be tested.
   - Draw a conclusion using information given in the text.

- Generalize cases given in the text.
- Apply general explanation/ideas to particular cases.
- Infer a valid interpretation complementarily combining the information given in various forms, such as sound, text or graphic, etc.

(2) Written and spoken texts used

The abilities listed in (1) will be examined based on written or spoken texts that need to be understood on the occasion of studying and campus life. Examples of written or spoken texts are as follows.

Reading comprehension
- Explanatory text
- Editorial text
- Practical document/text (regarding studying, campus life, etc.), and others

Listening comprehension, listening & reading comprehension
- Lecture or speech
- Presentation and discussion regarding exercise or survey
- Consultation, instruction and advice about study and life
- Practical conversation, and others

2. Writing
(1) Abilities tested

In the area of writing, the examination will evaluate the ability to follow the instructions and to write one's own ideas with convincing reasons. For example, the following abilities will be evaluated.

- Understand what is required in a given task and present an argument or conclusion based on what is understood.
- Present appropriate and effective evidence or examples that support the argument or conclusion.
- Review the argument or conclusion from multiple perspectives.
- Organize an essay by arranging an argument or conclusion, and its supporting evidence or example appropriately and effectively.
- Use appropriate sentence structure, vocabulary, expressions, etc. to write a dissertation in a place of higher education.

(2) Tasks required
- To argue about one or several suggested concepts.
- To explain the current status of a specific issue, and to predict its outcome or to find a solution.

EJU Syllabus for Basic Academic Abilities (Science)

<Purpose of the Examination>

The purpose of this examination is to test whether international students have the basic academic ability in science necessary for studying at universities or other such higher educational institutions in Japan.

<Classification of Examination>

The examination consists of three subjects, i.e. physics, chemistry, and biology; examinees will select two of these subjects.

<Scope of Questions>

The scope of questions is as follows. What is taught in elementary and junior high schools is regarded to have been already learned and therefore is to be included in the scope of the EJU. What questions consists of in each subject is classified into categories, each of which is presented by topics and scientific terms.

Physics

The scope of questions will follow the scope of "Basic Physics" and "Advanced Physics" of the Course of Study for high schools in Japan.

I **Mechanics**
  1. Motion and force
     (1) Description of motion
         Position, displacement, velocity, acceleration, relative motion, free fall, projectile motion
     (2) Various forces
         Force, gravity, frictional force, normal force, tension, elastic force, force exerted by liquid or gas
     (3) Equilibrium of forces
         Resultant and resolution of forces, equilibrium of forces
     (4) Equilibrium of forces acting on rigid bodies
         Torque, resultant force, couple of forces, equilibrium of rigid bodies, center of mass
     (5) Laws of motion
         Newton's laws of motion, unit of force and equation of motion, system of units and dimension
     (6) Motion in the presence of friction and/or air resistance
         Static friction force, kinetic friction force, air resistance and terminal velocity
  2. Energy and momentum
     (1) Work and kinetic energy
         Principle of work, power, kinetic energy
     (2) Potential energy
         Potential energy due to gravity, potential energy due to elastic force
     (3) Conservation of mechanical energy
     (4) Momentum and impulse
         Momentum and impulse, law of conservation of momentum, fission and coalescence
     (5) Collision
         Coefficient of restitution, elastic collision, inelastic collision
  3. Various forces and motion
     (1) Uniform circular motion
         Velocity and angular velocity, period and rotational frequency, acceleration and centripetal force, centripetal force in non-uniform circular motion
     (2) Inertial force
         Inertial force, centrifugal force
     (3) Simple harmonic motion
         Displacement, velocity, acceleration, restoring force, amplitude, period, frequency, phase, angular frequency, spring pendulum, simple pendulum, energy of simple harmonic motion
     (4) Universal gravitation

Planetary motion (Kepler's laws), universal gravitation, gravity, potential energy of universal gravitation, conservation of mechanical energy

II Thermodynamics

1. Heat and temperature
   (1) Heat and temperature
       Thermal motion, thermal equilibrium, temperature, absolute temperature, heat quantity, heat capacity, specific heat, conservation of heat quantity
   (2) States of matter
       Three states of matter (gas, liquid, solid), melting point, boiling point, heat of fusion, heat of evaporation, latent heat, heat expansion
   (3) Heat and work
       Heat and work, internal energy, the first law of thermodynamics, irreversible change, heat engine, thermal efficiency, the second law of thermodynamics
2. Properties of gas
   (1) Equation of state of ideal gas
       Boyle's law, Charles' law, Boyle-Charles' law, equation of state of ideal gas
   (2) Motion of gas molecules
       Motion of gas molecules and pressure/absolute temperature, internal energy of gas, monatomic molecule, diatomic molecule
   (3) Change of state of gases
       Isochoric change, isobaric change, isothermal change, adiabatic change, molar specific heat

III Waves

1. Waves
   (1) Properties of waves
       Wave motion, medium, wave source, transverse and longitudinal waves
   (2) Propagation of waves and how to express it
       Wave form, amplitude, period, frequency, wave length, wave velocity, sinusoidal wave, phase, energy of wave
   (3) Superposition principle and Huygens' principle
       Superposition principle, interference, standing wave, Huygens' principle, law of reflection, law of refraction, diffraction
2. Sound
   (1) Properties and propagation of sound
       Velocity of sound, reflection, refraction, diffraction and interference of sound, beat
   (2) Vibrations of sounding body and resonance
       Vibration of string, vibration of air column, resonance
   (3) Doppler effect
       Doppler effect, case of moving sound source, case of moving observer, case of moving sound source and moving observer

3. Light
   (1) Properties of light
       Visible light, white light, monochromatic light, light and color, spectrum, dispersion, polarization
   (2) Propagation of light
       Velocity of light, reflection and refraction of light, total reflection, scattering of light, lenses, spherical mirror
   (3) Diffraction and interference of light
       Diffraction, interference, Young's experiment, diffraction grating, thin-film interference, air wedge interference

Ⅳ **Electricity and Magnetism**
1. Electric field
   (1) Electrostatic force
       Charged object, electric charge, electric quantity, principle of conservation of charge, Coulomb's law
   (2) Electric field
       Electric field, electric field of a point charge, principle of superposition of electric field, lines of electric force
   (3) Electric potential
       Potential energy by electrostatic force, electric potential and potential difference, electric potential of a point charge, equipotential surfaces
   (4) Matter in electric fields
       Conductor in an electric field, electrostatic induction, electrostatic shielding, ground, insulator in an electric field, dielectric polarization
   (5) Capacitor
       Capacitor, electric capacitance, dielectrics, electrostatic energy stored in a capacitor, connection of capacitors
2. Electric current
   (1) Electric current
       Electric current, voltage, Ohm's law, resistance and resistivity, Joule's heat, electric power, electric energy
   (2) Direct current circuits
       Series and parallel connections of resistors, ammeter, voltmeter, Kirchhoff's rules, temperature dependence of resistivity, measurement of resistance, electromotive force and internal resistance of battery, circuit with capacitors
   (3) Semiconductor
       n-type semiconductor, *p*-type semiconductor, *p-n* junction, diode
3. Current and magnetic field
   (1) Magnetic field
       Magnets, magnetic poles, magnetic force, magnetic charge, magnetic field, lines of magnetic

force, magnetization, magnetic materials, density of magnetic flux, permeability, magnetic flux
  (2) Magnetic fields generated by currents
  Magnetic fields generated by straight currents, magnetic fields generated by circular currents, magnetic fields generated by solenoid currents
  (3) Magnetic forces on currents
  Magnetic force on a straight current, force between parallel currents
  (4) Lorentz force
  Lorentz force, motion of charged particles in a magnetic field, Hall effect
4. Electromagnetic induction and electromagnetic wave
  (1) Laws of electromagnetic induction
  Electromagnetic induction, Lenz's law, Faraday's law of electromagnetic induction, induced electromotive force in a conductor crossing a magnetic field, Lorentz force and induced electromotive force, eddy current
  (2) Self-induction, mutual induction
  Self-induction, self-inductances, energy stored in a coil, mutual induction, mutual inductances, transformer
  (3) Alternating current (AC)
  Generation of AC (AC voltage, AC, frequency, phase, angular frequency), AC flowing through a resistor, effective values
  (4) AC circuits
  Reactance of coil and phase difference, reactance of capacitor and phase difference, electric power consumption, impedance of AC circuits, resonant circuit, oscillation circuit
  (5) Electromagnetic waves
  Electromagnetic wave, generation of electromagnetic wave, properties of electromagnetic waves, classification of electromagnetic waves

V Atoms
1. Electrons and light
  (1) Electrons
  Discharge, cathode ray, electrons, specific charge, elementary electric charge
  (2) Wave-particle duality
  Photoelectric effect, photon, X-ray, Compton effect, Bragg reflection, matter wave, interference and diffraction of electron beam
2. Atoms and nuclei
  (1) Structure of atoms
  Nucleus, spectrum of hydrogen atom, Bohr's model of atoms, energy level
  (2) Nuclei
  Compositions of nuclei, isotope, atomic mass unit, atomic weight, nuclear decay, radiation, radioactivity, half-life, nuclear reaction, nuclear energy
  (3) Elementary particles
  Elementary particles, four fundamental types of forces

Chemistry

The scope of questions will follow the scope of "Basic Chemistry" and "Advanced Chemistry" of the Course of Study for high schools in Japan.

I Structure of Matter
1. Study of matter
   (1) Pure substances and mixtures
      Elements, allotropes, compounds, mixtures, separation of mixture, purification
   (2) States of matter
      Three states of matter (gas, liquid, and solid), changes of state
2. Particles constituting substances
   (1) Structure of the atom
      Electron, proton, neutron, mass number, isotope
   (2) Electron configuration
      Electron shell, properties of atoms, the periodic law, periodic table, valence electrons
3. Substances and chemical bonds
   (1) Ionic bonds
      Ionic bond, ionic crystal, ionization energy, electron affinity
   (2) Metallic bonds
      Metallic bond, free electron, metallic crystal, malleability
   (3) Covalent bonds
      Covalent bond, coordinate bond, crystal of covalent bond, molecular crystals, polar nature of bond, electronegativity
   (4) Intermolecular force
      van der Waals force, hydrogen bond
   (5) Chemical bonds and properties of substances
      Melting point and boiling point, electric conductivity and thermal conductivity, solubility
4. Quantitative treatment of substances and chemical formula
   (1) Amount of substance
      Atomic weight, molecular weight, formula weight, amount of substance, molar concentration, mass percent concentration, molarity
   (2) Chemical formulas
      Molecular formula, ion formula, electron formula (Lewis structures), structural formula, compositional formula (empirical formula)

II State and Change of Substances
1. Change of substances
   (1) Reaction formula
      Expression of reaction formula, quantitative relation of chemical reaction
   (2) Acids and bases
      Definition and strength of acids and bases, hydrogen ion concentration, pH, neutralization

reaction, neutralization titration, salt
- (3) Oxidation and reduction
  Definition of oxidation and reduction, oxidation number, ionization tendency of metal, oxidizing agent and reducing agent
2. State and equilibrium of substances
   - (1) Change of state
     Thermal motion of molecules and the three states of substance, thermal energy distribution of gas molecule, absolute temperature, boiling point, melting point, heat of fusion, heat of vaporization
   - (2) Properties of gases
     State equation of ideal gas, mixed gas, law of partial pressure, real gas and ideal gas
   - (3) Equilibrium of solutions
     Dilute solution, saturated solution and solubility equilibrium, supersaturation, solubility of solid, solubility of gas, Henry's law
   - (4) Nature of solutions
     Depression of vapor pressure, elevation of boiling point, depression of freezing point, osmotic pressure, colloidal solution, Tyndall effect, Brownian motion, dialysis, electrophoresis
3. Change and equilibrium of substances
   - (1) Chemical reaction and energy
     Heat and light in chemical reaction, thermochemical equation, heat of reaction and bond energy, Hess's law
   - (2) Electrochemistry
     Electrolysis, electrode reaction, electrical energy and chemical energy, quantity of electricity and amount of change in substance, Faraday's law
   - (3) Electric cell
     Daniell cell and typical practical batteries (dry cell, lead storage battery, fuel cell, etc.)
   - (4) Rate of reaction and chemical equilibrium
     Rate of reaction and rate constant, rate of reaction and concentration, temperature, and catalyst, activation energy, reversible reaction, chemical equilibrium and its shift, equilibrium constant, Le Chatelier's principle
   - (5) Eletrolytic dissociation equilibrium
     Strength and degree of electrolytic dissociation of acid and base, ionic product of water, electrolytic dissociation equilibrium of weak acid and weak base, hydrolysis of salt, buffer solution

III Inorganic Chemistry
1. Inorganic substances
   - (1) Typical elements (main group elements)
     Properties, reactions and uses of representative elements of each group and their compounds
     Group 1: hydrogen, lithium, sodium, potassium   Group 2: magnesium, calcium, barium
     Group 12: zinc, mercury   Group 13: aluminum
     Group 14: carbon, silicon, tin, lead   Group 15: nitrogen, phosphorus
     Group 16: oxygen, sulfur   Group 17: fluorine, chlorine, bromine, iodine
     Group 18: helium, neon, argon

(2) Transition elements

Properties, reactions and uses of chromium, manganese, iron, copper, silver, and their compounds

(3) Industrial manufacturing methods of inorganic substances

Aluminum, silicon, iron, copper, sodium hydroxide, ammonia, sulfuric acid, etc.

(4) Separation and analysis of metallic ions

2. Inorganic substances and our daily life

In addition to the substances mentioned Ⅲ-1, metals and ceramics widely utilized in human life.

[Examples of typical metal] titanium, tungsten, platinum, stainless steel, nichrome

[Examples of typical ceramics] glass, fine ceramics, titanium (Ⅳ) oxide

Ⅳ Organic Chemistry

1. Properties and reactions of organic compound

    (1) Hydrocarbons

    Structures, properties and reactions of representative alkanes, alkenes, alkynes, composition and uses of petroleum

    Structural isomers and stereoisomers (cis-*trans* isomers, optical isomers (enantiomers))

    (2) Compounds with functional groups

    Structures, properties and reactions of representative compounds such as alcohols, ethers, carbonyl compounds, carboxylic acids, ester, etc.

    Oils and soaps, etc.

    (3) Aromatic compounds

    Structures, properties and reaction of representative compounds such as aromatic hydrocarbons, phenols, aromatic carboxylic acids, and aromatic amines

2. Organic compounds and our daily life

    (1) In addition to the substances listed in Ⅳ-1, organic compounds widely utilized in human life such as monosaccharides, disaccharides, and amino acids

    [Examples] glucose, fructose, maltose, sucrose, glycine, alanine

    (2) Main ingredients of typical drugs, dyes, and detergents

    [Examples] derivatives of salicylic acid, azo compounds, sodium alkyl sulfate

    (3) Polymeric compounds

    i Synthetic polymers: structures, properties and syntheses of typical synthetic fibers and plastics

    [Examples] nylon, polyethylene, polypropylene, poly (vinyl chloride), polystyrene, polyethylene terephthalate, phenol resin, urea resin

    ii Natural polymers

    Structures and properties of proteins, starch, cellulose, natural rubber, structures and properties of nucleic acid such as DNA

    iii Applications of polymers widely utilized in human life (e.g. water-absorbent polymer, conductive polymers, synthetic rubber), recycling of resources, etc.

Biology

The scope of questions will follow the scope of "Basic Biology" and "Advanced Biology" of the Course of Study for high schools in Japan.

I **Biological Phenomena and Substances**
1. Cells and molecules
   (1) Biological substances and cells
       Organelle
       Prokaryotic and eukaryotic cells
       Cytoskeleton
   (2) Biological phenomena and proteins
       Protein structure
       Protein function   [Example] enzyme
2. Metabolism
   (1) Life activities and energy
       ATP and its role
   (2) Respiration   [Example] glycolytic pathway, citric acid cycle, electron transport system, fermentation and glycolysis
   (3) Photosynthesis   [Example] photosystem I, photosystem II, Calvin-Benson cycle, electron transport system
   (4) Bacterial photosynthesis and chemosynthesis
   (5) Nitrogen assimilation
3. Genetic information and its expression
   (1) Genetic information and DNA
       Double-helix structure of DNA
       Gene, chromosome and genome
   (2) Segregation of genetic information
       Segregation of genetic information by somatic cell division
       Cell cycle and DNA replication
       Mechanism of DNA replication
   (3) Expression of genetic information
       Mechanism of gene expression   [Example] transcription, translation, splicing,
       Changes in genetic information   [Example] gene mutation
   (4) Control of gene expression
       Regulation of transcriptional level
       Selective gene expression
       Cell differentiation by gene expression control
   (5) Biotechnology   [Example] genetic transformation, gene transfer

II Reproduction and Generation

1. Sexual reproduction
   (1) Meiosis and fertilization
       Gene segregation by meiosis
       Genetically diverse combination by fertilization
       Sex chromosomes
   (2) Genes and chromosomes
       Genetic linkage and gene recombination
       Chromosomal crossing-over and gene recombination
2. Animal development
   (1) Animal gametogenesis and fertilization
   (2) Early developmental process in animals
   (3) Cell differentiation and morphogenesis in animals
3. Plant development
   (1) Plant gametogenesis, fertilization and embryogenesis
   (2) Organ differentiation in plants   [Example] floral morphogenesis

III Homeostasis of the internal environment in living organisms

1. The internal environment in living organisms
   (1) Fluid movement in the circulatory system
   (2) The composition of body fluid and its concentration control
   (3) Mechanism of blood coagulation
2. Homeostatic mechanism of the internal environment in living organisms
   (1) Internal regulation by autonomic nerves and hormones
         [Example] control of blood glucose level
3. Immunity
   (1) Cells in immune system
   (2) Mechanism of immune system

IV Organisms' response to external signals

1. Reactions and actions of animals to external signals
   (1) Perception and response to stimulus
       Sensory receptors and their functions
       Effectors and their functions
       Nervous systems and their functions
   (2) Animal behavior
2. Plant responses to external signals
   (1) Functions of plant hormones
         [Example] functions of auxins, functions of gibberellins
   (2) Functions of plant photoreceptors
         [Example] functions of phytochrome

V Ecology and Environment

1. Populations and communities
   (1) Populations
       Populations and their structures
       Interaction within populations
       Interaction among populations
   (2) Communities
       Communities and their structures
2. Ecosystems
   (1) Matter production and cycle of matter in ecosystems
       [Example] food web and trophic level, carbon cycle and flow of energy, nitrogen cycle
   (2) Ecosystems and biodiversity
       Genetic diversity
       Species diversity
       Diversity of ecosystems
       Ecological balance and conservation
   (3) Diversity and distribution of vegetation [Example: succession of vegetation]
   (4) Climates and biomes

VI Biological Evolution and Phylogeny

1. Mechanism of biological evolution
   (1) Origin of life and transition of organisms
       Beginning of life
       Evolution of organisms
       Human evolution
   (2) Mechanism of evolution
       Variation between individuals (mutation)
       Changes in gene frequency and its mechanism
       Molecular evolution and neutral evolution
       Species differentiation
       Coevolution
2. Phylogeny of organisms
   (1) Phylogenetic classification of organisms   [Example] Comparison of DNA base sequence
   (2) Higher taxa and phylogeny

EJU Syllabus for Basic Academic Abilities (Japan and the World)

＜Aims and Nature of the Examination＞

Japan and the World takes up themes centered mainly on the contemporary world and Japan as seen from the perspective of multicultural understanding. It is aimed at measuring international students' mastery of the basic knowledge of contemporary Japan deemed necessary to study at the college level in Japan, as well as their capacity to think logically and critically about basic issues in modern international society.

＜Syllabus＞

The topics of the questions are selected mainly from the fields of Politics, Economy, and Society, as well as from Geography and History. The syllabus below lists the major thematic groups of each field, and the topical areas from which questions may be drawn.

Japan and the World

I Politics, Economy and Society

1. Contemporary Society

   Information society, Aging society with fewer children, Multicultural understanding, Bio-ethics, Social security and social welfare, Transformation of local communities, Redress of inequality, Food issues, Energy issues, Environmental issues, Sustainable society

2. Economy

   Economic systems, Market economy, Price mechanism, Consumers, Business cycle, Government roles and economic policy, Labor issues, Economic growth, National economy, International trade, Foreign exchange, Balance of payments

3. Politics

   Principle of democracy, the Constitution of Japan, Fundamental human rights and the rule of law, Diet, Cabinets, Courts, Parliamentary democracy, Local government, Elections and political participation, New human rights

4. International Society

   International relations and international law, Globalization, Regional integration, United Nations and other international organizations, North-South problem, Race/ethnicity and ethnic issues, Global environment issues, International peace and international cooperation, Japan's international contributions

II Geography

Geographical examination of features and issues of the modern world

Globes and maps, Distance and direction, Aerial photography and satellite pictures, Standard time and time differences, Geographical information, Climate, Natural features, Vegetation, Lifestyles/cultures/religions around the world, Resources and industries, Population, Urban and rural settlement, Traffic and communication, Natural environment and disasters/disaster prevention, Land and environment of Japan

III History

1. Development of modern society and interdependence of the world

   The Industrial Revolution, The American Revolution, The French Revolution, Formation of the nation-state, Imperialism and colonialization, Modernization of Japan and Asia

2. Japan and the world in the 20th century

   World War I and the Russian Revolution, The Great Depression, World War II and the Cold War, Independence of Asian and African nations, Postwar Japanese history, Oil Crisis, The end of the Cold War

EJU Syllabus for Basic Academic Abilities (Mathematics)

＜Purpose of the Examination＞

The purpose of this examination is to test whether international students have the basic academic ability in mathematics necessary for studying at universities or other such higher educational institutions in Japan.

＜Classification of Examination＞

There are two courses. Course 1 is for undergraduate faculties and departments for which a basic knowledge of mathematics is considered sufficient. Course 2 is for undergraduate faculties and departments for which math is very important.

At the time of taking the examination the examinee must choose whether to take Course 1 or Course 2; the examinees should follow the instructions given by the university or the department to which they are applying.

＜Symbols and Terminologies＞

The symbols are the ones used in Japanese high school text books; the English version of the test uses standard English terms, and the Japanese version of the test uses terms used in Japanese high school text books.

＜Scope of Questions＞

The topics covered by the examination are as follows.

- The Course 1 examination covers only topics 1 to 6.
- The Course 2 examination covers all 18 topics.

The topics are covered by the standard text books used in Japanese high schools.

In addition, it is assumed that material covered in Japanese elementary and junior high schools has been mastered.

Mathematics (the correspondence with the Course of Study for high schools is attached)

<Topics>

1. Numbers and expressions··· Mathematics I
   (1) Numbers and sets
      ① Real numbers
      ② Sets and propositions
   (2) Calculation of expressions
      ① Expansion and factorization of polynomials
      ② Linear inequalities
      ③ Equations and inequalities containing absolute values

2. Quadratic functions··· Mathematics I
   (1) Quadratic functions and their graphs
      ① Variation in values of quadratic functions
      ② Maximum and minimum values of quadratic functions
      ③ Determining quadratic functions
   (2) Quadratic equations and inequalities
      ① Solutions of quadratic equations
      ② Quadratic equations and the graphs of quadratic functions
      ③ Quadratic inequalities and the graphs of quadratic functions

3. Figures and measurements··· Mathematics I
   (1) Trigonometric ratios
      ① Sine, cosine, tangent
      ② Relations between trigonometric ratios
   (2) Trigonometric ratios and figures
      ① Sine formulas, cosine formulas
      ② Measurement of figures (including application to solid figures)

4. The number of possible outcomes and probability··· Mathematics A
   (1) The number of possible outcomes
      ① Principles of counting (including the number of elements of a set, the law of sums, the law of products)
      ② Permutations, combinations
   (2) Probability and its fundamental properties
   (3) Independent trials and probability
   (4) Conditional probability

5. Properties of integers··· Mathematics A
   (1) Divisors and multiples
   (2) Euclidean algorithm
   (3) Applications of the properties of integers

6. Properties of figures··· Mathematics A
   (1) Plane figures
      ① Properties of triangles
      ② Properties of circles
   (2) Solid figures
      ① Lines and planes
      ② Polyhedrons

7. Miscellaneous Expressions··· Mathematics Ⅱ
   (1) Expressions and proofs
      ① Division of polynomials, fractional expressions, binomial theorem, identities
      ② Proofs of equalities and inequalities
   (2) Equations of higher degree
      ① Complex numbers and solutions of quadratic equations
      ② Factor theorem
      ③ Properties of equations of higher degree and methods of solving them

8. Figures and equations··· Mathematics Ⅱ
   (1) Lines and circles
      ① Coordinates of a point
      ② Equations of (straight) lines
      ③ Equations of circles
      ④ Relative positions of a circle and a line
   (2) Locus and region
      ① Locus defined by an equality
      ② Region defined by inequalities

9. Exponential and logarithmic functions··· Mathematics Ⅱ
   (1) Exponential functions
      ① Expansion of exponents
      ② Exponential functions and their graphs
   (2) Logarithmic functions
      ① Properties of logarithms
      ② Logarithmic functions and their graphs
      ③ Common logarithms

10. Trigonometric functions··· Mathematics II
    (1) General angles
    (2) Trigonometric functions and their basic properties
    (3) Trigonometric functions and their graphs
    (4) Addition theorems for trigonometric functions
    (5) Applications of the addition theorems

11. The concepts of differentiation and integration··· Mathematics II
    (1) The concept of differentiation
        ① Differential coefficients and derivatives
        ② Applications of the derivative
            Tangent lines, increase/decrease in function value (variation in the value of functions, maximums and minimums, local maximums and minimums)
    (2) The concept of integration
        ① Indefinite integrals and definite integrals
        ② Areas

12. Sequences of numbers··· Mathematics B
    (1) Sequences and their sums
        ① Arithmetic progressions and geometric progressions
        ② Various sequences
    (2) Recurrence formulae and mathematical induction
        ① Recurrence formulae and sequences
        ② Mathematical induction

13. Vectors··· Mathematics B
    (1) Vectors on a plane
        ① Vectors and their operations
        ② Scalar products (inner products) of vectors
    (2) Space coordinates and vectors
        ① Space coordinates
        ② Vectors in a space

14. Complex plane··· Mathematics III
    (1) Complex plane
        ① Geometric representation of complex numbers
        ② Trigonometric form (polar form) of complex numbers
    (2) De Moivre's theorem
    (3) Complex numbers and figures

15. Curves on a plane⋯ Mathematics III
   (1) Quadratic curves
       Parabolas, ellipses, hyperbolas
   (2) Parametric representations
   (3) Representation in polar coordinates

16. Limits⋯ Mathematics III
   (1) Sequences and their limits
       ① Limits of sequences
       ② Sums of infinite series
   (2) Functions and their limits
       ① Fractional functions and irrational functions
       ② Composite functions and inverse functions
       ③ Limits of functions
       ④ Continuity of functions

17. Differential calculus⋯ Mathematics III
   (1) Derivatives
       ① Derivatives of the sum/difference/product/quotient of two functions
       ② Derivatives of composite functions, derivatives of inverse functions
       ③ Derivatives of trigonometric functions, exponential functions, logarithmic functions
   (2) Applications of the derivative
       Tangent lines, increase/decrease in value of functions, velocity, acceleration

18. Integral calculus⋯ Mathematics III
   (1) Indefinite and definite integrals
       ① Integrals and their basic properties
       ② Integration by substitution, integration by parts
       ③ Integrals of various functions
   (2) Applications of the integral
       Area, volume, length

聴読解問題スクリプト

Track 4

練習 学生がコンピュータの画面を見ながら先生の説明を聞いています。学生は今，画面のどの項目を選べばいいですか。

えー，これから，この大学のコンピュータの使い方について説明します。では，コンピュータの画面を見てください。今日は，大まかな説明しかしませんが，もっと詳しいことを知りたい人は，右上の「利用の仕方」などを見ておいてください。ああ，今じゃなくて，あとで。あとで見ておいてください。今日はまず，コンピュータを使えるようにするために，利用者の登録をします。では，画面の左下の項目を選んでください。

Track 6

1番 先生が，「ビブリオトーク」について話しています。この先生がビブリオトークの効果の中で特に注目しているのは，どの点ですか。

ビブリオトークとは，本を紹介する方法の一つです。何人かの紹介者が，それぞれ持参した本のあらすじや感想，おすすめのポイントなどを5分程度で参加者に説明した後，参加者は，読みたくなった本に投票します。そのあと時間があれば，同じ本を選んだ人が集まって，その本の紹介者に質問したりします。

本について情報交換が行われることで，読書意欲が刺激されることはもちろん，よい本に出会うきっかけとなります。また，紹介者は，自分が読んだ本の面白さを人に伝えようとするので，説明するための技術や表現力が身につきます。そして，何より私が注目しているのは，本を読んでただ「おもしろかった」というだけで終わるのではなく，その本の内容のどの部分が興味を引くのか，どのような要素や表現が読者の感動を誘うのかを考えるようになるという点です。

Track 7

2番 先生が授業で，物の長さを測る手段について話しています。この先生が最後にする質問の答えはどれですか。

人間が長さを測り始めたとき，最初に目安として使ったのは自分の体でした。世界には，人の体の一部分の長さを基にした単位が多くみられます。例えば，「インチ」は親指の幅に，「フィート」は足の大きさに由来しています。日本にも独特の単位があり，今でも使われることがあります。例えば，「尺(しゃく)」は指を広げたときの親指の先から中指の先までの長さに由来します。また，「尋(ひろ)」は両手を広げたときの長さに由来し，それは，人の背の高さと

大体同じであると言われています。このような知識があると，道具がなくても物の長さを知ることができて便利ですよ。例えば，図のロープの長さが5尋だとしたら，大体何センチぐらいに相当しますか。

Track 8

3番 先生が，授業で話しています。この先生の話によると，医者が診断を保留することが多いのは，図のどこに当たる場合ですか。

通常，私たちは，自分の体に何の違和感もなく，検査値も正常である場合は「健康」であると考えます。それに対し，何となくおかしい，どこかが変だと感じ，医者に行って診てもらった結果，異常が見られれば「病気」と診断されます。

一方，どこもおかしいと感じないのに，健康診断などで検査値に異常が見られる場合もあります。これを「西洋医学的未病」と呼びます。この場合は，精密検査によって病気の詳細が明らかになることがあります。

反対に，何となく体がだるい，眠れないなどの症状があっても，検査値に何の異常も見られない場合もあります。そのような状態を「東洋医学的未病」と呼びます。この場合，医者は「病気ではない」という診断はせず，判断を保留する場合が多いでしょう。将来的に病気が発見される可能性もあるからです。

Track 9

4番 先生が，汗をかいた後の水分補給の実験について話しています。この実験で，水を与え始めてからラットが飲んだ水の総量をグラフに表すと，どのようになりますか。

運動して汗をかいた後は，どのような飲み物で水分を補給するとよいでしょうか。これを調べるために，ラットを使って実験を行いました。この実験では，脱水状態になったラットを二つのグループに分け，一方には，0.45％の塩分を含む飲料Aを，他方には塩分を全く含まない飲料Bを自由に飲ませました。

すると，塩分を含む飲料Aを与えられたラットは，実験中，水分をとり続けました。それに対して，塩分を含まない水を与えられたラットは，初めのうちこそ飲料Aの場合と同じように飲んでいたものの，症状が完全に改善する前にほとんど飲まなくなりました。これは，水だけを飲み続けると体内の塩分濃度が下がるので，体内の塩分濃度が下がり過ぎないようにするために，体が備えているしくみです。

つまり，運動後，十分に水分をとるためには，塩分を含む飲み物を飲んだほうがよいということです。

5番　女子学生と男子学生が，グラフを見ながら話しています。このあと，この女子学生は，グラフをどのように描き直しますか。

女子学生：ちょっと相談にのってほしいんだけど…。
男子学生：何？　今度の発表の資料？
女子学生：うん。就業者と非就業者の外出率についての国の調査結果をもとに，考えをまとめるつもりなの。
男子学生：へえ。やっぱり，仕事をしている人よりしてない人のほうが外出率が低いね。
女子学生：でも，働いてる人たちのほうが，仕事が休みの日にも，よく出かけているのが不思議だなと思って。そこがわかりやすくなるようなグラフに描き直したいんだ。
男子学生：うーん，それなら年ごとの比較はいらないね。
女子学生：確かに。じゃあ，最新のものだけにしよう。それと，休日のグラフだけでいいと思うんだけど。
男子学生：でも，比較対象として平日も必要なんじゃないかな。
女子学生：あ，そっか。じゃあそうする。

6番　先生が解剖学の授業で，「顔」の範囲について話しています。この先生の話によると，解剖学でいう「顔」はどれですか。

　みなさんは「顔」というのはどこだと思いますか。首から上の部分は「顔」や「頭」と呼ばれますが，解剖学では「顔」と「頭」はどこで分けられるのでしょう。まず，目や鼻や口は「顔」です。髪の毛が生えている部分は「頭」に入ります。では，頬やあごはどうなのでしょう。そうです。頬とあごも「顔」の一部です。じゃ，耳についてはどう思いますか。解剖学においては「頭」に入ります。眉は「顔」の一部ですが，眉の上にあって髪の毛が生えていない部分，つまり額は「顔」でしょうか。日常生活においては「顔」に入ることが多い額ですが，解剖学でいう「顔」には含まれません。頭の一部なのです。

7番　先生が，図を見せながら話しています。この先生の話によると，フジツボの一種であるイワフジツボという生物はどこに生息していますか。

　この図は海岸の岩付近の断面図を表しています。海は，潮の満ち引きがありますから，海面の高さは周期的に変わります。図の中の2本の波線は，海面が最も高いときと，最も

低いときの水位を表しています。この間の部分を潮間帯と呼びます。そしてその上と下をそれぞれ，潮上帯，潮下帯と呼びます。

　さて，フジツボという生物は，貝のような硬い殻に守られていて，岩にくっつき，ほとんど移動せずに生活しています。潮上帯は，乾燥してしまうため，フジツボの仲間は生息できません。また，潮間帯の下部や，潮下帯では，他の生物に食べられてしまいます。さらに，フジツボの一種であるイワフジツボの場合，競争関係にあるクロフジツボが潮間帯の中部に生息しているため，そこを避けて生活しています。

Track 13

8番　先生が，タイヤの中の空気の量について説明しています。この先生が最後にする質問の答えはどれですか。

　この車の絵の下にある図は，タイヤを，車の前から見たところと，タイヤから地面にかかる圧力を表しています。真ん中のタイヤは空気の量が適正な状態で，タイヤから地面にかかる圧力も偏りがありません。これに対し右は，タイヤの空気が不足している状態です。図の色の濃くなっているところが圧力の高い部分なのですが，右のタイヤは外側に圧力が偏っています。一般に，タイヤから地面にかかる圧力が高いほど，タイヤと地面の摩擦が大きくなり，タイヤは早くすり減ります。したがって，右のタイヤの場合，外側が早くすり減るということになります。一方，一番左のタイヤは空気が入りすぎているため，右のタイヤと逆の状態になっています。では質問ですが，もしタイヤに空気が入りすぎている状態で走り続けると，タイヤはどのようになるでしょうか。

Track 14

9番　女子学生と男子学生が，デザインの授業の課題について，薬の箱を見ながら相談しています。この二人は，箱のどの部分について変更するつもりですか。

女子学生：デザインの課題だけど，何かいい案ある？
男子学生：商品名以外の部分，字が小さくて読みにくいね。
女子学生：そうね。全体的に大きくしたいけど，スペースが限られてて難しいから，大事なところだけ太字にするとかして，目立つようにできないかな。
男子学生：じゃあ，効能とか成分とか，カッコの中に入ってる見出しを太くしてみる？
女子学生：んー，そこはそのままでいいんじゃないかな。特に目立った方がいいのは効能だけど，それは，商品名の横に大きく書いてあるし。それよりも，この薬を飲んじゃいけない人について書いてある部分，すごく重要な情報だよね？
男子学生：確かに。場合によっては命にかかわることだし，ぱっと目に入るようにしたほうがいいね。注意を促すような記号を付けて，字のフォントも変えてみよう。

Track 15

10番 先生が、自動車の自動運転について話しています。この先生の話によると、現在、すでに実用化されている車は、図のどのレベルまでですか。

　現在、自動運転の技術は、アクセル、ブレーキ、ハンドルという三つの操作に、どの程度人間が関与するかによって、4段階のレベルに分けられています。人工知能、いわゆるAIが操作の主体となるのはレベル3と4で、その手前のレベル2までは、AIが運転を補助していますが、運転の主体はあくまでも人間ということになります。
　さて、最近では、衝突事故防止のため、すでに多くの自動車に自動ブレーキシステムが付けられています。さらに、ブレーキとアクセルを自動操作して、車間距離を保つシステムも普及しつつあり、高齢の運転手による事故を防止することが期待されています。
　また、ある自動車メーカーでは、まだ実験段階ですが、運転席に人はいるものの、緊急時以外は人工知能が全ての操作を行う自動運転に成功しています。このまま開発が進めば、電車やバスなどが少ない地域の高齢者のために、運転手のいない「無人タクシー」の実現も可能になるでしょう。

（「自動運転はどこまで進むのか」読売新聞2017年1月6日　をもとに作成）

Track 16

11番 先生が授業で、人間の思考と行動のパターンについて話しています。この先生がよくないと言っているのは、どのパターンですか。

　何かを達成しようとするとき、私は、まず目標を決めることが大事だと思っています。現状を把握したり、行動したりするのは、あとです。例えば、大学受験を例にすると、自分が本当に行きたい大学を志望校にするのです。それから、現在の自分の成績を把握し、その上で合格するために必要な努力をします。この順番が、よい結果につながるのです。
　ところが、実際には、自分の現状の成績を考慮して志望校を決める人が多いように思います。しかし、現状を把握した上で、どんな目標なら達成できるか考えて目標を設定するというパターンに慣れると、無意識のうちに、大して努力をしなくても達成できる目標しか立てなくなるおそれがあり、おすすめできません。

Track 17

12番 先生が、備蓄食料について話しています。この先生の話によると、備蓄食料の内容を見直した方がよいのは、どの自治体ですか。

大きな災害などに備えて，各自治体では前もって食料を備蓄しています。この表は，いくつかの自治体について，その食料備蓄状況を比較したものです。災害発生直後に，ガス・水道・電気などが途絶えると，水や火を使う調理はできないので，封を切ってすぐ食べられるものを優先的に備蓄する必要があります。この観点から，各自治体の備蓄食料の内容が適切かどうか見てみましょう。

　乾パンは，固く焼いたビスケットのようなもので，封を開ければすぐに口にすることができます。アルファ米は，ご飯を乾燥させたもので，水かお湯を注ぐ必要があります。缶詰は，果物や野菜のほかに魚や肉などのたんぱく質が摂取でき，調理をしなくても開ければすぐ食べられるので重宝されます。おかゆは，保存用に密封された袋などに入っており，開ければすぐ食べられる上に，水分も一緒にとることができる点で，災害時の生命維持に有効です。

聴解問題スクリプト

Track 20

練習 女子学生と男子学生が，待ち合わせの場所で話しています。この二人は、これからどうしますか。

女子学生：あ，お待たせ。山田さんはまだ？
男子学生：うん。さっき連絡があって，急用ができたから，ちょっと遅れるって。待ってるって言ったんだけど，先に行ってくれって。
女子学生：じゃ，そうする？　でも，山田さん，研究会の場所，知ってるのかな？
男子学生：どうだろう？
女子学生：また，連絡してみたら？
男子学生：いや，大丈夫だよ。先にどうぞって言ったんだから。
女子学生：そう言ってるのなら，大丈夫ね。

この二人はこれからどうしますか。
1．山田さんを待ってから行く。
2．山田さんに先に行ってもらう。
3．山田さんに連絡をする。
4．山田さんより先に行く。

Track 22

13番 先生が，文章の書き方について話しています。この先生は，どんなことを心掛けるのがいいと言っていますか。

　論文やレポートを書くときは，わかりやすい文章を書くようにしてください。そのためには，論理を飛躍させず，根拠のない情報を挿入しないことです。また，一つ一つの文は，なるべく簡潔に書きましょう。長い文をたくさん使えば，高度で専門的な文章になると勘違いしている人が多いのですが，そんなことはありません。一つの文にたくさんの情報を入れ込みすぎると，かえって読み手の理解が妨げられるのです。あなたはその内容をよくわかっていても，読み手にとっては初めて触れる内容かもしれません。短いレポートでも長い研究論文でも，同じように気をつけてください。

この先生は，どんなことを心掛けるのがいいと言っていますか。
1．読み手にとって初めての情報は詳しく説明すること。
2．一つの文にたくさんの情報を入れること
3．短くまとめた理解しやすい文で書くこと
4．専門用語を正しく使って書くこと

14番 先生が，目標を達成するための計画と実行について話しています。この先生は，計画と実行について，どんなやり方がよいと言っていますか。

何か目標を達成するための計画を立てる場合，「どうしたら完璧に実行できるか」という視点で考える人が多いようです。反対に，「計画を立てたところで，どうせその通りには実行できない」とか「計画に追われると，焦ってしまう」という理由で，計画を立てたがらない人もいます。しかし，私は計画を立てること自体に意味があると思います。計画を立てる作業は，目標達成までの全体像を把握し，やるべきことを認識することにほかならないからです。もちろん，計画はしたものの，実際にやってみたら計画通り進めるのが難しいこともあるでしょう。そのときは，そこで計画を修正すればいいのです。最初の計画通りに進めなければならないと思い続けていると，計画と現状の差がどんどん大きくなってしまい，もう無理だと諦めてしまう原因になりかねないからです。

この先生は，計画と実行について，どんなやり方がよいと言っていますか。
1．確実に実行可能な計画を立てる。
2．立てた計画を予定通りに実行する。
3．あえて計画を立てずに実行する。
4．実行の途中で計画を見直す。

15番 先生が，体操というスポーツ競技について話しています。この先生は，体操競技で使用する用具が改良されるのは，何のためだと言っていますか。

スポーツの世界では，記録が更新されたり，新しい技術が生まれたりして，常に進歩が見られます。例えば，体操という競技では，いろいろな種目があり，マットの上で飛び跳ねたり鉄棒で回転したりしますが，どの種目においても，年々，技術が向上しています。これを，「マットや鉄棒などの用具が昔よりも進化しているから，高度なことができるようになったのだ」と言う人がいますが，私はそうは思いません。技術の向上というのは，困難だと思われていた新しい技を，選手が成功させることでもたらされます。それをほかの選手がまねて定着させると，次はもっと高度な技にチャレンジするようになります。技が高度になればなるほど，スピードが上がるなどして危険度が増します。そこで，選手たちをきちんと守る新たな用具が開発されます。用具の改良というのは，そのために行われるのです。

この先生は，体操競技で使用する用具が改良されるのは，何のためだと言っていますか。
1．競技の安全性を高めるため
2．新しい技を生み出すため

3．競技を美しく見せるため
4．記録を更新するため

Track 25

16番 ラジオ番組の司会者が女性に，チャッキラコ（アクセント：チャッ／キラコ）という伝統的な踊りについてインタビューしています。女性はこの踊りを守っていくために，どのような工夫をしていますか。

司会：今日はチャッキラコという，伝統的な踊りの保存についてお伺いします。
女性：はい。チャッキラコというのは，このあたりで300年前から続いている郷土芸能です。が，実はこれ，いったんすたれかかったんです。
司会：そうなんですか。でも，今もしっかり受け継がれているそうですが，どんなことをなさってるんですか。
女性：まず，チャッキラコは子供たちが中心になって行うものですので，子供たちに「チャッキラコ」を知ってもらわなければなりません。それで，保存会のメンバーが学校に出向いて，分かりやすく説明するんです。それから，テレビの取材を積極的に受けるようにしています。
司会：と言いますと？
女性：テレビ局の取材の申し込みがよく来るんですが，そのとき，子供たちにテレビに出てもらうんです。それを子供たちはすごく喜ぶんですよ。
司会：なるほど，それが狙いというわけですね。

女性はこの踊りを守っていくために，どのような工夫をしていますか。
1．親子で保存会の行事に参加してもらう。
2．子供たちに踊りを知ってもらい，喜んで参加できるようにする。
3．テレビを見ている人々に踊りを知ってもらう。
4．伝統を守りながらも，踊りに新しさを取り入れる。

Track 26

17番 先生が，親や教師の役割について話しています。この先生が最後に挙げる例では，親や教師は，どのように子供に声をかけたらよいですか。

　私は，子供に対する親や教師の役割は，物事に気づくきっかけを与えることだと思っています。例えば，以前，小学生の子供たちにアリという虫の絵を描かせました。まず，何も見せずに「アリの絵を描いてごらん」と言って，それぞれの頭の中にあるイメージだけで描かせると，多くの子供が，頭と胴体と4本の足を描きました。次に，ガラスの容器に入れたアリを渡して，実物を見ながら描くように言いましたが，描かれたのは，やはり頭と胴体と4本足のアリの絵でした。そこで，今度は絵を描く前に，「アリの体はどうなっ

てる？ 足は何本ある？」とたずねました。すると，子供たちが「あ，体が三つに分かれてる！ 足は６本だ！」と気づきました。こうしてできあがった絵は，実物にぐっと近くなったのです。

では，子供にチョウの実物を見せながら絵を描かせたら，チョウの羽だけを描いた場合を考えてみましょう。このとき，親や教師は，どのように声をかければいいでしょうか。

この先生が最後に挙げた例では，親や教師は，どのように子供に声をかけたらよいですか。
1．「とても上手に描けたね」
2．「よく想像して描いてみて」
3．「もう一度描いてごらん」
4．「羽だけ？何かほかにもない？」

Track 27

18番 女子学生と男子学生が朝食について話しています。この女子学生が，男子学生に朝食を食べるよう勧めている一番の理由は何ですか。

女子学生：ねえ，朝ごはん毎日食べてる？
男子学生：うーん，食べたり食べなかったり。
女子学生：食べたほうがいいよ。朝ごはんって大切なんだから。
男子学生：知ってはいるけど，なかなかね。頭や体を目覚めさせて，活動できるようにするんだっけ。
女子学生：うん。それもあるんだけど，その日だけのことじゃないんだって。
男子学生：どういうこと？
女子学生：食べないことが習慣化すると問題なの。朝食を抜く生活が長く続くと，体が消費するエネルギーが少なくなっちゃうんだって。そうするとね，食べる量は変わらないのに消費されないから，エネルギーを貯めすぎて太ったり，それによって病気にもかかりやすくなったりするらしいの。
男子学生：へえ，体作りに影響があるんだ。

この女子学生が，男子学生に朝食を食べるよう勧めている一番の理由は何ですか。
1．朝食はその日一日のエネルギーになるから
2．朝食は頭と体を目覚めさせるから
3．朝食を食べないと今後の健康に影響があるから
4．朝食を食べないと一日に必要な栄養が摂れないから

Track 28

19番 先生が，ある国におけるテレビの普及について話しています。この先生は，この国の子供がテレビを見ることについて，一番の問題は何だと言っていますか。

私はこれまで，世界の子供たちとメディアとのかかわりについて研究してきました。今日はその中から，ある国の事例についてご紹介します。
　この国では，歴史や，規律・習慣など，人生に必要な知識は，大人が子供に語る話の中で伝えられてきました。しかし，近年，急速にテレビが普及した結果，子供はテレビから情報を得るようになり，昔ながらの語りの場がなくなってきました。そして，新たな問題が浮かび上がってきました。大人による語りは，子供の年齢や状況に合わせて内容を変えるなど，様々な配慮があったはずですが，テレビの情報は，子供たちに合わせて作られたものではないということです。大人が，最低限これだけは伝えたいと思っている大事なことが，きちんと含まれているわけではないし，たとえ含まれていたとしても，テレビから一方的に流れてくる大量の情報の中に埋もれてしまうのです。これでは，子供たちにとって大切な情報が，子供の心に届くことは，期待できないでしょう。

この先生は，この国の子供がテレビを見ることについて，一番の問題は何だと言っていますか。
1．子供同士で語り合う機会が減ること
2．子供の想像力の低下につながること
3．大切な情報が子供に伝わりにくいこと
4．テレビを一日中見ている子供が増えること

Track 29

20番 先生が感情について説明しています。この先生は，否定的な感情の表し方について何と言っていますか。

　日本では，怒りや恐れなどの否定的な感情を表に表すことはよくないことだと考える傾向があるようです。
　しかし，ここで押さえておかなければならないのは，「感情を表す」ことは「感情的になる」ことと同じではないということです。「感情的になる」というのは，何かにいらいら，むしゃくしゃしているだけで，その感情の中身や原因，相手などが明確ではない状態です。外部からのちょっとした刺激で，思わず爆発してしまうこともあり，これはよい状態とは言えません。一方，「感情を表す」というのは，冷静に感情を態度や顔の表情で表したり，言葉で相手に伝えたりすることです。否定的な感情を表すことには抵抗があるかもしれませんが，そういった感情も表すことで，お互いの理解が生まれてくるものです。

この先生は，否定的な感情の表し方について何と言っていますか。
1．時には爆発させることも必要だ。
2．態度や言葉で相手に伝えたほうがよい。
3．伝えるときは感情的になったほうがよい。
4．表に出さないほうがよい。

Track 30

21番 先輩の男子学生が後輩の女子学生に，走り方についてアドバイスしています。この男子学生は，走るときに大切なのは，どんなことだと言っていますか。

男子学生：昨日のマラソン大会，どうだった？
女子学生：先輩，実は，今回もまた目標の記録に届きませんでした。
男子学生：そっか。
女子学生：初めは，目標のペースを保って楽に走れてたんですが，そのあと疲れちゃって，結局，記録どころではなかったんです。
男子学生：目標を立てるのはいいことだけど，体の声を聞けてなかったんじゃない？
女子学生：体の声ですか？
男子学生：そう。痛みとか疲れ具合とか，自分の体調を確かめながら走り方を考えるのが重要だ，ってよく言われるだろう？
女子学生：はい…。
男子学生：それに，数字のために走ってたら，体に力が入りすぎてケガしちゃうよ。
女子学生：確かに，自分がイメージしてた理想のペースを維持しなくちゃと思って，必要以上に頑張りすぎてたかもしれません。
男子学生：あくまでも，走るのは，実際に手足を動かす体だっていうことを忘れないようにしないとね。

この男子学生は，走るときに大切なのは，どんなことだと言っていますか。
1．高い目標を設定すること
2．理想のペースを頭にイメージすること
3．体の調子に応じて走り方を変えること
4．常に同じペースを維持すること

Track 31

22番 先生が，情報の扱い方について話しています。この先生は，情報が発信される状況は受け取る側のために，どのように見直される必要があると言っていますか。

　現代は情報が氾濫しています。私たちの生活を振り返ってみると，テレビや電子メールなどを通じて，自分から情報を探そうとしなくても，一方的に宣伝などの情報が送られてくることも多々あります。
　一方的に送られてくる情報が，それほど多くなかったり，たまたま自分が欲しかった情報だったりすれば，さほど嫌な気持ちにはならないのでしょうが，その量が多すぎたり，送り手の都合だけを考えたものだったりすると，受け取った人は不快な気持ちになります。このような，一方的に情報が発信される状況は見直していくべきではないでしょうか。

この先生は，情報が発信される状況は受け取る側のために，どのように見直される必要があると言っていますか。
1. ほしい情報をいつでも受け取れるようにする
2. 情報がどこからのものか知ることができるようにする
3. 受け取った情報を自由に利用できるようにする
4. 受け取りたくない情報を受けとらずに済むようにする

Track 32

23番 女子学生と男子学生が，新しく開発された繊維について話しています。この女子学生は，新しい繊維が暖かいのは，どうしてだと言っていますか。

女子学生：ねえ，シロクマの毛を真似た繊維があるの，知ってる？
男子学生：え，シロクマ？ あの北極にいるクマのこと？
女子学生：うん。そのシロクマの毛って，ストローみたいに，中が空洞になってるの。
男子学生：へえ。
女子学生：その空洞の中の空気のおかげで，毛の保温性が高くなっているから，寒いところでも生きられるんだって。それと同じ構造をした繊維らしいよ。
男子学生：じゃ，その繊維を使った服も，保温性が高いんだね。
女子学生：うん。暖かい空気の層を身につけている感じになるんだって。
男子学生：ふうん。寒い日にそんな服があったらいいなあ。
女子学生：でも，まだ開発途中らしいよ。
男子学生：あ，そうなんだ。
女子学生：その繊維は，太陽の光が当たると白く見えてしまうから，黒っぽい服ができないんだって。これから改良していくそうだよ。

この女子学生は，新しい繊維が暖かいのは，どうしてだと言っていますか。
1. 太陽の熱を吸収しやすくなっているから
2. 内部が空洞になっているから
3. シロクマの毛から作られているから
4. 空気を通しやすくなっているから

Track 33

24番 先生が，生物の授業で，サルの行動がもたらす影響について説明しています。この先生が説明したサルの行動は，どのような結果をもたらしますか。

サルのエサの食べ方というのは，人間から見ると，非常に行儀が悪く見えます。というのもサルは，リンゴなどの木の実を一口かじると，まだ食べられるのにも関わらず，残りは捨ててしまうからです。しかし，この行動は，周囲に意外な影響をもたらすのです。木

に登ったサルは，木の実を取って一口かじり，食べ残しを地面に捨てます。そうすると，木に登れない動物などが，地面に落ちたその食べ残しを食べます。そして，その動物たちが場所を移動することで，動物のフンに混じっている木の実の種が広い範囲にばらまかれ，新たな木の生長へとつながっていきます。このように，サルが食べ残しを捨てる行為は，他の生き物や木にとってはありがたい行為と言えるのです。

この先生が説明したサルの行動は，どのような結果をもたらしますか。
1．木の種を離れたところに広める。
2．食べる物がないときの備えになる。
3．仲間に食べ物のある場所を教える。
4．集まってきた動物のフンが木の栄養になる。

Track 34

25番 先生が，農薬の使用を減らす方法について説明しています。この先生は，作物の周辺に別の植物を植えることで農薬の使用が抑えられるのは，どうしてだと言っていますか。

　最近，農薬をあまり使わずに作物を栽培する方法が注目されています。畑に作物を植えてしばらくすると，その作物をエサとする害虫が大量に発生し，作物に被害が出ます。しかし，自然界には，その害虫を食べる，いわゆる天敵となる生物が存在するものです。そこで，この天敵を利用するのです。つまり，天敵が集まりやすい別の植物を，あらかじめ畑の周辺に植えておくのです。周りに害虫の天敵を増やしておけば，作物の害虫を減らすことができます。例えば，ナスを栽培する場合は，周辺に麦を植えておきます。ナスの害虫の天敵は，麦に集まりやすいからです。こうすることで，害虫対策としての農薬の使用を大幅に抑えることができるという訳です。

この先生は，作物の周辺に別の植物を植えることで農薬の使用が抑えられるのは，どうしてだと言っていますか。
1．別の植物に害虫を食べる生物が集まるから
2．別の植物が害虫の食べ物になるから
3．別の植物が害虫にとって毒となるから
4．別の植物が害虫の嫌いなにおいを出すから

Track 35

26番 先生が，目の役割について話しています。この先生は最近の研究で，どんなことがわかったと言っていますか。

私たちの目の網膜には，光を感知して形を認識するための細胞と，色を区別するための細胞の2種類があると言われていました。しかし，最近の研究で，そのほかに第3の細胞があり，その細胞は青い光だけに反応して特別な働きをすることがわかってきました。人間には体内時計というものがあり，朝起きて夜眠るという一日の生活リズムが作られています。この体内時計を正常に保つためには，青い光が必要です。目が不自由で，形や色を区別できない人でも，この第3の細胞が正常であれば体内時計は正しく機能することがわかったのです。私たちの目の役割は，単に物を見るだけではないんですね。

この先生は最近の研究で，どんなことがわかったと言っていますか。
1．目には，体内時計を整えるための第3の細胞があること
2．目には，物を見るために重要な第3の細胞があること
3．目には，形と色を認識する細胞が3種類あること
4．目には，体内時計を機能させる細胞が3種類あること

Track 36

27番 先生が，経営学の授業で，企業の市場戦略について話しています。この先生は，これからの市場戦略で重要なことは，何だと言っていますか。

　これまで企業は，売り上げを増やすために，大量の広告費や人件費をつぎこんで，新しい顧客を獲得することに力を入れた戦略をとってきました。初めての利用者や購入者にだけ大幅値引きを行うキャンペーンなどがこれにあたります。こうした戦略は，一時的には良くても，長続きしません。ですから，今後の市場戦略では，固定客の確保が重要になります。つまり，一度買ってもらった顧客に，何度も買ってもらうということです。そのためには，企業がいかに顧客と密接な関係を築けるかが大事なポイントになります。企業側から顧客に一方的に商品や情報を提供するだけでなく，顧客側からの提案や要望などを，企業が積極的に受ける姿勢も大切になるでしょう。

この先生は，これからの市場戦略で重要なことは，何だと言っていますか。
1．広告費や人件費にお金をかけること
2．大きなキャンペーンを行うこと
3．新しい顧客の獲得に重点を置くこと
4．顧客の声に耳を傾け，関係を強めること

平成29年度
日本留学試験(第2回)

正 解 表

The Correct Answers

平成29年度日本留学試験（第2回）試験問題 正解表 The Correct Answers

〈日本語〉 Japanese as a Foreign Language

記　述…解答例を349, 350ページに掲載

読解

問		解答番号	正解
I		1	1
II		2	2
III		3	1
IV		4	4
V		5	3
VI		6	2
VII		7	1
VIII		8	4
IX		9	4
X		10	2
XI	問1	11	2
	問2	12	3
XII	問1	13	1
	問2	14	4
XIII	問1	15	1
	問2	16	4
XIV	問1	17	4
	問2	18	3
XV	問1	19	2
	問2	20	3
XVI	問1	21	1
	問2	22	3
XVII	問1	23	2
	問2	24	3
	問3	25	1

聴読解

問	解答番号	正解
1番	1	2
2番	2	4
3番	3	4
4番	4	2
5番	5	3
6番	6	1
7番	7	2
8番	8	2
9番	9	3
10番	10	2
11番	11	1
12番	12	1

聴解

問	解答番号	正解
13番	13	3
14番	14	4
15番	15	1
16番	16	2
17番	17	4
18番	18	3
19番	19	3
20番	20	2
21番	21	3
22番	22	4
23番	23	2
24番	24	1
25番	25	1
26番	26	1
27番	27	4

〈理　科〉Science

	物理 Physics		
	問 Q.	解答番号 row	正解 A.
I	問1	1	1
	問2	2	2
	問3	3	5
	問4	4	4
	問5	5	6
	問6	6	3
II	問1	7	2
	問2	8	5
	問3	9	8
III	問1	10	2
	問2	11	5
	問3	12	3
IV	問1	13	4
	問2	14	6
	問3	15	1
	問4	16	4
	問5	17	4
	問6	18	5
V	問1	19	5

化学 Chemistry		
問 Q.	解答番号 row	正解 A.
問1	1	2
問2	2	3
問3	3	4
問4	4	3
問5	5	6
問6	6	2
問7	7	6
問8	8	1
問9	9	6
問10	10	3
問11	11	2
問12	12	1
問13	13	2
問14	14	4
問15	15	2
問16	16	5
問17	17	5
問18	18	3
問19	19	3
問20	20	5

生物 Biology		
問 Q.	解答番号 row	正解 A.
問1	1	5
問2	2	5
問3	3	6
問4	4	5
問5	5	2
問6	6	6
問7	7	2
問8	8	3
問9	9	2
問10	10	8
問11	11	5
問12	12	1
問13	13	3
問14	14	1
問15	15	1
問16	16	3
問17	17	2
問18	18	5

〈総合科目〉Japan and the World

問 Q.	解答番号 row	正解 A.
問1	1	2
	2	3
	3	2
	4	3
問2	5	1
	6	3
	7	2
	8	1
問3	9	4
問4	10	4
問5	11	1
問6	12	1
問7	13	3
問8	14	2
問9	15	4
問10	16	1
問11	17	4
問12	18	3
問13	19	3
問14	20	2
	21	4

問 Q.	解答番号 row	正解 A.
問15	22	2
問16	23	4
問17	24	4
問18	25	3
問19	26	1
問20	27	4
問21	28	1
問22	29	2
問23	30	2
問24	31	4
問25	32	3
問26	33	2
問27	34	1
問28	35	1
問29	36	2
問30	37	3
問31	38	3

〈数　学〉Mathematics

コース1　Course 1

問 Q.		解答番号 row	正解 A.
Ⅰ	問1	ABC	181
		DE	−2
		F	4
		G	0
		HI	−1
		JK	−1
		LM	−3
	問2	N	9
		OPQ	754
		RSTUV	13108
		WXYZ	1336
Ⅱ	問1	AB	51
		CDE	625
		F	2
		GH	−4
		I	2
		JK	51
		L	2
	問2	M	2
		NO	43
		P	4
		Q	1
		R	1
		ST	74
		U	4
Ⅲ		AB	16
		C	4
		D	9
		E	4
		F	2
		GH	22
		I	3
		JKLMN	23416
Ⅳ		AB	78
		CDE	158
		FGHIJK	161515
		LMNOP	41515
		QRSTUV	281515
		WXYZ	8155

コース2　Course 2

問 Q.		解答番号 row	正解 A.
Ⅰ	問1	ABC	181
		DE	−2
		F	4
		G	0
		HI	−1
		JK	−1
		LM	−3
	問2	N	9
		OPQ	754
		RSTUV	13108
		WXYZ	1336
Ⅱ	問1	A	3
		B	6
		CD	43
		EF	14
		G	5
		H	4
		IJKL	3541
	問2	M	5
		NO	33
		PQ	11
		RSTU	2411
		VW	14
		XYZ	203
Ⅲ		A	3
		B	6
		CD	13
		EFG	012
		HI	72
Ⅳ		ABC	212
		DEF	112
		GHI	512
		JKL	512
		MNO	112
		PQ	16
		RS	23
		TU	14

記述問題1　解答例

　使い捨てられている容器は様々にある。その中でテイクアウト用の容器を例に、使用される理由とごみを減らすための対策を考える。

　現代を生きる人々は日々、多忙だが、食事を作るには、食材の買い出し、調理、食後の食器洗いとかなりの時間が必要になる。一方、テイクアウトの食事ならば、買ってきてすぐに食べられるし、食べ終わったらごみを捨てるだけですむ。このように、使い捨て容器に入ったテイクアウトの利用は、現代の人々の生活スタイルと密接に結びついていて、この便利さを手放すのは難しそうだ。

　そこで、容器をリサイクルできる素材で作り、原料の再利用を徹底すれば、ごみは大幅に減らせると考える。ごみ分別の複雑さがリサイクルの障害になることもあるが、学校や自治体が啓発活動をしたり、リサイクルに協力した人に何らかのサービスを与えたりすれば、人々も進んでごみを分別するようになるのではないか。実際、日本には、リサイクルボックスにペットボトルを入れるとポイントがつき、たまったポイントで商品を購入できるようになっているスーパーもある。こうしたサービスを他の容器にも拡大していけば、リサイクルが促進され、ごみは減るだろう。

記述問題2　解答例

　現在、世界では裕福な人と貧しい人との格差が広がっている。また、世代を越えてその格差が固定していることも問題になっている。
　富裕層の子供達がよい環境で育つ一方で、貧困層の子供達は、時に子供にとって望ましくない環境で育つ。経済的な苦しさに加え、悪い生活習慣等から健康問題を抱えることもある。そして、富裕層の子供達が高いレベルの教育を受けて収入の高い職を得やすいのに対し、貧困層の子供達は、十分な教育を受けることができず、収入の高い職に就きにくい。それが貧困から抜け出せないことにつながっているのだ。
　このように生まれた時に人生が決まるのであれば、裕福な人にとっても貧しい人にとっても努力することの意味は失われてしまう。それは不健全な社会であると思う。
　この問題の改善策としては、教育の無償化や低所得者への医療費減免等、社会保障の充実が考えられる。ただ、公的な制度の実施には資金が必要となるため、富裕層への増税等、税制を変える必要がある。このように富の再分配を行い、本人の努力が実を結ぶように環境を整備することで、格差の拡大を抑えていけると思う。

「記述」採点基準

「記述」の採点にあたっては，以下の基準に基づき採点し，得点を表示します。

得点	基準
50点	（レベルS） 課題に沿って，書き手の主張が，説得力のある根拠とともに明確に述べられている。かつ，効果的な構成と洗練された表現が認められる。
45点 40点	（レベルA） 課題に沿って，書き手の主張が，妥当な根拠とともに明確に述べられている。かつ，効果的な構成と適切な表現が認められる。
35点 30点	（レベルB） 課題にほぼ沿って，書き手の主張が，おおむね妥当な根拠とともに述べられている。かつ，妥当な構成を持ち，表現に情報伝達上の支障が認められない。
25点 20点	（レベルC） 課題を無視せず，書き手の主張が，根拠とともに述べられている。しかし，その根拠の妥当性，構成，表現などに不適切な点が認められる。
10点	（レベルD） 書き手の主張や構成が認められない。あるいは，主張や構成が認められても，課題との関連性が薄い。また，表現にかなり不適切な点が認められる。
0点	（NA）* 採点がなされるための条件を満たさない。

レベルA，B，Cについては，同一水準内で上位の者と下位の者を区別して得点を表示する。

*0点（NA）に該当する答案は以下のとおりである。
- 白紙である。
- 課題と関連のない記述である。
- 課題文をそのまま書いているだけである。
- 課題に関連する日本語の記述（課題文をそのまま書いた部分を除く）が40字に満たない。
- 問題冊子の表紙等を引き写している部分がある。
- その他，委員会の議を経て，0点とするに至当な理由があると判断されたもの。

Score Rating of "Writing" Section for "Japanese as a Foreign Language"

We will score the "Writing" section according to the following rating standard and indicate the respective scores.

Score	Rating
50	(Level S) An essay at this level • clearly addresses the topic with persuasive reasons • is well organized and developed • uses refined expressions in language
45	(Level A) An essay at this level • clearly addresses the topic with appropriate reasons • is well organized and developed • uses appropriate expressions in language
40	
35	(Level B) An essay at this level • addresses the topic with mostly appropriate reasons • is generally well organized, though it may have occasional problems • may use inappropriate expressions in language
30	
25	(Level C) An essay at this level • roughly addresses the topic with reasons, which may be inappropriate • may have problems in its organization • uses inappropriate expressions in language
20	
10	(Level D) An essay at this level • does not address the topic • is disorganized and underdeveloped • has serious errors in usage
0	(NA)* An essay does not meet the rating conditions.

Each of Levels A, B and C has two grades: higher and lower.

*An essay is given a score of 0 (NA) if:
- It is blank.
- It is not relevant to the topic.
- It only repeats the topic statement.
- Its Japanese text relevant to the topic is less than 40 characters in length, excluding the part repeating the topic statement.
- It contains text copied from the question booklet cover or elsewhere.
- It is judged by the committee after deliberation as having another proper reason to be considered NA.

平成29年度　日本留学試験(第2回)試験問題
　　　　　　　　　　　　（聴解・聴読解問題CD付）

発行日 ………… 2018年1月31日　初版第1刷

編著者 ………… 独立行政法人　日本学生支援機構
　　　　　　　　〒153-8503　東京都目黒区駒場4-5-29
　　　　　　　　電話 03-6407-7457
　　　　　　　　ホームページ http://www.jasso.go.jp/

印刷所 ………… 水山産業株式会社

発行所 ………… 株式会社　凡　人　社
　　　　　　　　〒102-0093　東京都千代田区平河町1-3-13
　　　　　　　　電話 03-3263-3959
　　　　　　　　ホームページ　http://www.bonjinsha.com/

Ⓒ2018 Japan Student Services Organization
Printed in Japan
▶乱丁・落丁本はお取り替えいたします。
▶本書の内容を無断で複写・複製することを禁じます。
ISBN978-4-89358-931-6

CDトラック番号一覧

トラック番号	問題番号等	トラック番号	問題番号等
1	音量調節	19	聴解の説明
2	試験全体の説明	20	聴解練習
3	聴読解の説明	21	聴解練習の解説
4	聴読解練習	22	聴解13番
5	聴読解練習の解説	23	聴解14番
6	聴読解1番	24	聴解15番
7	聴読解2番	25	聴解16番
8	聴読解3番	26	聴解17番
9	聴読解4番	27	聴解18番
10	聴読解5番	28	聴解19番
11	聴読解6番	29	聴解20番
12	聴読解7番	30	聴解21番
13	聴読解8番	31	聴解22番
14	聴読解9番	32	聴解23番
15	聴読解10番	33	聴解24番
16	聴読解11番	34	聴解25番
17	聴読解12番	35	聴解26番
18	聴読解終了の合図	36	聴解27番
		37	聴解終了及び解答終了の合図